Das Drama
des begabten Kindes
und die Suche nach dem
wahren Selbst

与原生家庭
和解

［瑞士］
爱丽丝·米勒
著

束阳　殷世钞
译

中国友谊出版公司

图书在版编目（CIP）数据

与原生家庭和解 / （瑞士）爱丽丝·米勒著；束阳，殷世钞译. -- 北京：中国友谊出版公司，2018.10（2020.4 重印）

ISBN 978-7-5057-4382-3

Ⅰ.①与… Ⅱ.①爱… ②束… ③殷… Ⅲ.①家庭关系-调节 Ⅳ.①C913.11

中国版本图书馆 CIP 数据核字（2018）第 111298 号

著作权合同登记号　图字：01-2018-3860

Das Drama des begabten Kindes und die Suche nach dem wahren Selbst. Eine Um– und Fortschreibung
ⓒ Suhrkamp Verlag Frankfurt am Main 1995, 1996.
All rights reserved by and controlled through Suhrkamp Verlag Berlin.

书名	与原生家庭和解
作者	[瑞士] 爱丽丝·米勒
译者	束　阳　殷世钞
出版	中国友谊出版公司
发行	中国友谊出版公司
经销	新华书店
印刷	天津中印联印务有限公司
规格	880×1230 毫米　32 开 7 印张　90 千字
版次	2018 年 10 月第 1 版
印次	2020 年 4 月第 3 次印刷
书号	ISBN 978-7-5057-4382-3
定价	42.00 元
地址	北京市朝阳区西坝河南里 17 号楼
邮编	100028
电话	（010）64678009

前　言

西方有句俗语说："愚者投石入水，百名智者也无从取之。"这句话反映了智者在面对愚昧时的无奈。但是自然纯真的孩子可能会问："世界上到处都是石头啊，为什么这些智者非要如此费力地捞出这块石头呢？为什么他们不看看周围？当他们在水里卖力又徒劳地寻找的时候，也许会忽略新的宝藏呢？"

我们在对待"自恋"这个词时，情况似乎是相似的。几乎没有其他科学概念像它这样广泛地被运用在日常生活中，这个词甚至已经深陷其中，难以再为科学所用了。人们逐渐陷入了这样一个怪圈：精神分析学家们越是花大力气去深化、解释、辨析"自恋"这一概念，以便能在科研中使用，该词在日常用语中就越有吸引力。因此，"自恋"的概念包含了太多含义，而精神分析学要求概念的定义必须十分精准，所以这个词几乎无法在专业领域使用了。

名词形式的"自恋"一词既能描述一种状态、发展阶段、性格特点，也能表示一种病症。最初它还被用作定语或状语，随后，它的含义通过补充进一步细化了。这个词除了在专业文献中具有多义性，在日常用语中它还被赋予了额外的感情色彩，包括"爱上自己""始终关心自己""以自我为中心的""无法爱上他人""自私的"等。甚至精神分析师也不能总是摆脱这些负面的情感评价，即使他们努力让这个词成为中性词。

我们来谈一谈负面的评价。到底什么是自私呢？弗洛伊德15岁时就曾给出了定义，那时他还是一名中学生。他在记录箴言的本子上写道："最糟糕的自私者，是那些还没有意识到自己自私的人。"许多人步入老年也不及弗洛伊德15岁时的智慧,还天真地以为自己无欲无求,这仅仅是因为他们没有认识到自己的需求而已。

我们早早地就开始鄙视自私者。一个孩子如果满足了父母有意或无意的要求,他就是一个"好孩子";但如果他拒绝满足要求,或者自己的想法与父母的背道而驰,那他就会被说成是自私者。父母通常并不会意识到,他们所谓的为了让孩子更好地融入社会而教育孩子,事实上是为了满足自己自私的需求。受到这样教育的孩子要是不想失去父母的爱——哪个孩子能承受得起——就得在有能力真诚地分享和放弃之前,早早开始学习"分享""给予""牺牲"和"放弃"。已经哺乳了九个月的孩子就不想再继续吃奶了,我们没必要教他如何断奶。长期被允许自私、贪心、不合群的孩子,会在偶然间获得一次由内而发的分享和给予的乐趣。而那些只会满足父母需求的孩子或许永远体会不到这样的快乐,即便他们颇为模范、尽职尽责地分享与给予,并且苦于别的孩子不像自己一样"好心"。这样长大的成年人会再次尽快教会自己的孩子无私奉献,这对于有天赋的小孩来说是非常容易的，但是代价何其之大啊！仔细看来，"自私"一词的含义也并不是单一的。类似的词还有"尊重他人"，人们常认为以自我为中心的人不具备这一点。如果一位母亲能够从孩子出生那天起就尊重自己和孩子，那她根本无须教会孩子尊重，孩子便会认真对待自己和他人。但是如果一位母亲当初并没有从自己的母亲那儿获得尊重，她会设法借助教育的手段从孩子身上获得这些。如此"尊重"带来的悲剧命运，本书后面会谈到。

如果我们对其他一些道德评价追根溯源，就会发现它们也不再不言而喻。

我们常把自爱与他爱对立起来，但是如果一个人连自己都不爱，难以想象他会真的爱别人。如果一开始就没有机会去活出自己的真性情，去体验自我，又怎能做到自爱？

大多数敏感的人会把他们真实的自我藏得很深，或者彻底隐藏起来。那么我们如何去爱一个自己都不了解且从未被爱过的东西？许多有天赋的人对他们真实自体一无所知，就这样活着，或许他们会爱上理想化的、随波逐流的虚伪自体——除非抑郁向他传递了丧失自我的信号，抑或是他们处于精神不安中粗暴地直面了真实自体，就像面对陌生人一样无助，任凭其摆布。

在接下来的文章中，我试图更加深入地探寻现在人们丧失自我的根源，在描述临床表现时，我放弃了"自恋"这一概念。我只会偶尔谈及健康适度的自恋，以便描述充满活力、能够自由面对真实自体和情感的理想情况。与之相反的是自恋障碍——即真实自体被单独监禁在虚伪自体的监狱中。但我并不认为这是种病，而是将之理解为悲剧。本书的另一大关注点是要摆脱那些评价性的且略显歧视的概念。

为避免误会，我在此澄清，关于自恋障碍的产生与治疗，我的看法与弗洛伊德的本能理论并没有形成对立，亚伯拉罕·

布里尔（Abraham Brill）和桑多尔·费伦齐（Sándor Ferenczi）等人继续发展了他的理论。弗洛伊德儿童性心理的发现以及他关于本能理论的研究在我这里均有效。然而研究病人的本能冲突需要假定一个真实的自我为本能欲望的主体，而这正是我们的病人所缺乏的。当我以今天的眼光去回顾过去20年的工作，发现我还没有遇到过能够无障碍地去体验自己真情实感的精神分析对象。缺少这个基础，任何对于本能冲突的"加工"都是徒劳的，也就是说，这种加工夸大了病人的认知能力，甚至造成了他的抗拒，而没有触及他真实的情感世界。如果我们选择唐纳德·温尼科特（Donald Winnicott）[1]在其著作中采用的方法，那么病人就能够以他的真实自体重新找回感知能力，直面被压抑的本能冲突，这种冲突源自内心，并且可以被强有力地感知。

---

[1] 唐纳德·温尼科特（1896—1971），英国儿童心理学家、精神分析学家，他远离了弗洛伊德对本能的强调，撰写了大量著作，阐释母亲与孩子之间的相互作用如何滋养或阻碍孩子发展。

在接下来的文章中，我会展示我处理自恋障碍的方法，但并不是要给出不同于传统精神分析的方案，而是相反——在精神分析的框架下找到一条途径，让病人重获早已失去的纯真活力，找到真我。

目录

第一章 天才儿童的悲剧和精神分析师的自恋障碍

导论 / 003

贫穷的富孩子 / 007

丢失的情感世界 / 015

寻找真实自体 / 023

精神分析师的境况 / 033

结语 / 041

后记 / 045

第二章 抑郁和自大——自恋障碍的两种表现形式

导论 / 049

自恋需求的命运 / 053

纳西索斯的传说 / 079

精神分析中的抑郁阶段 / 083

内心的监狱和精神分析 / 089

抑郁的社会面 /097

与其他一些抑郁症理论的共同点 / 103

第三章 关于鄙视

贬低孩子，鄙视弱者以及它们如何继续进行 / 111

心理分析所反映的鄙视投射 / 129

后记 2008 / 181

参考文献 / 195

第一章 ONE 天才儿童的悲剧和精神分析师的自恋障碍

依照主流的看法,这些让父母为之骄傲的人肯定有着强大坚定的自信心。然而恰恰相反,尽管他们能出色地完成一切事务,被人欣赏和嫉妒,收获着对他们来说至关重要的成就,但这些都无济于事。在这一切背后潜藏着抑郁、空虚、自我疏离以及对于他们存在的意义的无知。一旦妄自尊大的自我麻醉失去效力,一旦他们不再是第一、不再是超级明星,抑或当他们突然感到自己在他人面前的完美形象破灭了,就会时不时受到恐惧、罪恶感、羞愧感的折磨。到底是什么让这些天才患上了如此严重的自恋障碍呢?

导　论

　　经验告诉我们，要与精神疾病一直斗争下去，我们仅有一种方法可供支配，那就是从情感上发现并接受我们童年往事中的事实。那我们是否就能够借助精神分析从幻想中完全解脱出来呢？事实上，幻想无处不在，每个生命都充满着幻想，也许是因为事实常常难以接受。但事实对许多人来说又必不可少，以至于缺了它就要付出沉重的代价，患上严重的疾病。我们试着在长期的精神分析的过程中去发现属于我们自己的事实。在这个事实给予我们新的自由空间之前，它会一直给我们带来疼痛，除非我们满足于那些基于他人痛苦经历总结的认识，但这样的话，我们就再次囿于幻想之中了。

比起所有对我们的时代去神秘化的浪潮，更加经久不衰的是对母爱的理想化，这一点尤其体现在自传之中。当我们阅读知名艺术家的传记时，会发现他的生活总是从青春期的某个时候开始的。在此以前，他拥有一个"幸福的""欢乐的""无忧无虑的"童年，抑或是幼年生活"贫困潦倒""充满刺激"，但是他的童年具体是什么样的，似乎完全无关紧要，就好像整个生命不是扎根于童年一样。我想举一个简单的例子来阐述这一点。

英国著名雕塑家亨利·摩尔（Henry Moore）在他的回忆录中写道，他小时候常为母亲在背上抹一种治风湿病的油。当我读到这时，我突然重新领悟了摩尔的雕塑。怪不得他作品中那些躺着的妇女头都很小。我从小男孩的眼中看到了一位母亲，从他的视角望过去，母亲的头变小了，面前的背却是巨大的。这对于许多艺术批评家来说可能无足轻重，但对于我来说，这表明孩子年幼时的经历可以在潜意识中保留很久，当他成年之后，更是有许许多多的方式将这些经历表达出来。

摩尔现在的回忆不会给他带来任何伤害，所以长期留存了下来。但是每个人童年中那些充满冲突的经历却留在了黑暗之中，那里也埋藏着领会未来人生的钥匙。

贫穷的富孩子

有时候我会思考，我们是否能够感知，我们还是孩子的时候以及后来长大成人后内心所遭受的寂寞与孤独的程度。我在此主要指的并不是与父母分开这种外在的孤独，这些自然也会产生创伤性的后果。我也不是指缺乏照料的孩子，以及那些知道自己被遗弃并伴着这一事实长大的孩子。

这个世界上存在大量患有自恋障碍的人，他们的父母争强好胜，他们生活在父母的督促之下，患上了严重的抑郁症。当这些人开始接受精神分析治疗时，都认为自己拥有幸福的、备受呵护的童年。

　　这些病人天赋过人、才华横溢，也常常因为自己出色的能力而备受称赞。他们从一岁起就不再使用尿布，还有许多人在一岁半到五岁间就能娴熟地帮助父母照顾自己的弟弟妹妹。依照主流的看法，这些让父母为之骄傲的人肯定有着强大坚定的自信心。然而恰恰相反，尽管他们能出色地完成一切事务，被人欣赏和嫉妒，收获着对他们来说至关重要的成就，但这些都无济于事。在这一切背后潜藏着抑郁、空虚、自我疏离以及对于他们存在的意义的无知。一旦妄自尊大的自我麻醉失去效力，一旦他们不再是第一、不再是超级明星，抑或当他们突然感到自己在他人面前的完美形象破灭了，就会时不时受到恐惧、罪恶感、羞愧感的折磨。到底是什么让这些天才患上了如此严重的自恋障碍呢？

　　与这些病人第一次交谈后，我们就很快了解到，他们都有善解人意的父母，至少父母中有一方如此。如果病人没能理解周围的人，他们也认为是自己的错，是自己没能表述清楚。从他们的童年回忆中可以看出，他们对于曾是孩子的自己没有任何同情，如果病人不仅拥有极佳的反省能力，而且也能设身处地为他人着想，这一点会表现得尤为突出。他们对自己童年的情感世界缺乏尊重，总是想要控制和操纵它，而且只关心自己的成绩。谈到童年，他们的蔑视，甚至嘲讽都并不罕见。他们没能认真对待自己童年的命运，对此更是缺少真正的情感上的理解，追名逐利之外，他们根本不知道自己的真实需求是什么。他们把当初的遭遇深深地埋藏在心底，给自己留下了曾有个美好童年的幻想。

为了展现这些精神分析对象童年的心理情况，我想首先提出以下基本观点，这些与温尼科特等人的著作也紧密相关。

1. 孩子与生俱来的需求之一是，每一次都被视为他自己、被当成他"个人行为的中心"来看待和尊重。与人的本能欲望不同的是,这种需求虽然同样合理,却是一种自恋型需求,这一需求得到满足,对于养成良好的自我感觉来说不可或缺。

2. "每一次都被视为他自己"中的"自己"指的是情感、感觉和二者的表达。在婴儿期就开始形成自己了。"婴儿和小孩内在的感觉构建了自体的核心。这些感觉是自我感觉的中心和结晶,围绕着它形成了一种自我认同感。"玛格丽·马勒(Margaret S. Mahler)[①]在她的书中写道。

3. 孩子在一种尊重和容忍孩子情感的氛围中长大,面临分离时,便能够割舍与母亲的"共生关系",形成自我意识,迈向独立自主。

4. 要想为孩子营造健康适度自恋的环境,父母同样必须在这种环境中长大。

5. 儿时没有在这种环境中成长的父母通常也有很强的自恋需求。他们一生都在寻找自己的父母没能够及时给予他们的

---

① 玛格丽·马勒(1897—1985),奥地利病理心理学家和精神分析师,是动力心理学流派中著名的客体关系理论的主要奠基人。

东西,即一个在乎、理解并尊重他们,欣赏且听从他们的人。

6. 当然,父母不一定能成功找到这样的人,因为这涉及一个已经逝去的、无法改变的阶段——也就是自我塑造的初始阶段。

7. 但是如果一个人有着未被满足的需求和被压抑的无意识需求,他就会臣服于一种强迫行为——总想要另辟蹊径来满足自己的需求。

8. 满足这种需求最合适的对象就是自己的孩子。新生儿无论何种情况下都依赖着他的父母,也正因为他的生存取决于获得父母的照顾,他才会不遗余力确保自己不会失去照顾。从出生的第一天起,孩子就会竭尽所能,如同一棵幼小的向日葵,为了生存追随着太阳。

写到这里,我一直在陈述已经广为人知的事实。以下的一些想法则是基于我平时对同事进行的精神分析以及我与精神分析大师的访谈总结而成。从他们身上总能发现一个于我而言非常独特的童年命运。

1. 童年时，他们基本都有一个情感上缺乏安全感的母亲，她依赖于孩子的某一种行为来满足自己的自恋平衡，在她强势、权威和独裁专制的外表之下，她的这种不安全感，孩子以及周围的人很可能浑然不知。
2. 相应的，孩子也有一种惊人的能力，可以从直觉上，也就是说，无意识地察觉到母亲，或者父母双方的这种需求，并给予回应，履行他被分配到的职能。
3. 这一职能确保了孩子会得到"爱"，在此是指为父母所占有。孩子感到他是被需要的，这也为他带来了生存保障。

这种能力在孩子们身上得到了发展和完善，他们不仅成了母亲的"母亲"[①]，也担负起了照顾兄弟姐妹的责任，并最终培养出了感知他人的需求发出的无意识信号的能力。怪不得之

[①] 母亲的"母亲"指的是母亲的亲密知己、安慰者、出谋划策者和依靠。

后他们都从事了精神分析师这一职业。没有这种经历,谁能有兴趣整天都想知道发生在别人潜意识中的事呢?这种感知能力曾经帮助了孩子生存,并令他长大后有能力从事这种特殊的职业,但是这种能力在培养和完善中也埋下了自恋障碍的根基。

丢失的情感世界

自恋障碍的现象如今已是众所周知。基于个人经验，我认为这要从婴儿的适应性改变中去找原因，它导致了孩子在认识尊重、回应、理解、同情和镜映这些自恋需求的过程中经历了很多波折。

这种适应性改变带来的严重后果之一是，有些人在小时候以及成年后都无法有意识地体会自己的某些情感，例如嫉妒、羡慕、愤怒、孤独、无助和恐惧。如果他们都是活力充沛、情感丰富的人，那会更加不幸。他们在接受精神分析时，讲述的都是童年中没有任何矛盾冲突的经历，常常是一些在大自然中的历险记等。他们会意识到这样做，自己没有伤害到母亲，没有让她感到不安、削弱她的权力或者打破她的平衡。然而，引人注意的一点是，这些非常专注、清醒且敏感的孩子还记得自己四岁时在绿油油的草地上发现阳光，却在八岁时看着怀孕的母亲而不闻不问，弟弟妹妹出生后，他们也没有一丝嫉妒。甚至还有个小孩两岁时被单独留在家里，任由军队闯入家中搜查，他没有哭闹，很安静，表现得非常"勇敢"。可以说，他们已经练就了不必体会情感的本事，因为只有当大人带着这些情感去接受、理解并陪伴孩子时，他们才能体会到这些。但若没有这样的大人在旁，若孩子须为此冒失去母爱的危险，那他们便无法单独体会这些最自然的情感反应。孩子虽体会不到，但这些情感却依然保留了下来。在以后的生活中，他们会无意识地经历一些情境，在这些情境中，以前只有些苗头的情感开始苏醒，然而他们本人并不理解这些情感原始的内在关联。在接受精神分析时，分析师也参与其中和病人一起回顾他的经历，最初的那些情境与病人在精神分析中体会到的强烈的情感成功联系起来，这时病人才会明白这种内在关联。弗洛伊德在他的文章《回忆、重复与修通》①中也提到了这种方法。

我们以孤独感为例。当然，我指的不是成人感到寂寞而嗑药、吸毒、看电影、找朋友玩、打没必要的电话，以填补内心的"空洞"。我指的是小孩子原始的孤独感，他没有这么多转移注意力的方法，他发出的言语或动作的讯息无法被母亲捕获到。并非因为他的母亲很坏，而是母亲自己也有强烈的自恋需求，她依赖于孩子对她的某种特定的回应，这于她而言不可或缺。母亲就像一个孩子，在找寻一个可供支配的对象。尽管这看起来有些矛盾，但孩子确实是合适人选。孩子无法逃避，就像自己的母亲小时候一样，他可以被塑造成大人想要的样子。大人可以从他身上获得尊重，可以指望他体会自己的情感，可以被孩子爱慕和欣赏，在孩子身边会感到自己很强大。要是觉

---

① 《回忆、重复与修通》是弗洛伊德1914年发表的一篇文章，德语名为《Erinnern, Wiederholen und Durcharbeiten》。

得烦了，甚至还能把孩子托付给一个陌生人，大人终究还是觉得自己获得了关注，因为孩子的目光总是落在他们的身上。无论一位母亲的受教育程度有多高，无论她是否知道孩子需要什么，只要当初她在她的母亲身边必须压抑所有这些需求，那么当她陪伴在自己孩子身边时，这些需求就会从她的无意识深处流露出来，并在孩子身上寻求满足。孩子也能清楚地察觉到这点，并很早就不再表露出自己的需求。

孩子长大后接受精神分析治疗时，一旦当时的孤独感涌上心头，随之而来的便是强烈的悲痛与绝望，我们能够明白他们小时候是多么煎熬。他们需要一个共情的、陪伴的环境，而这恰恰是他们所缺少的。不光是孤独感，与恋母情结和本能发展有关的情感也是这样。这些情感在过去都必须被压抑。但是认为它们根本不存在的说法，实际上是否定从精神分析中获得的实证经验。

病人在压抑诸如孤独感等幼年情感时，常会用到一些防御机制。除了简单地否认之外,还有转向反面("我快要被身上担负的责任压得喘不过气了,别人总是需要我")、被动承受转为主动出击("我一旦觉得女生缺了我不行,我就会离开她们")、转移到别人身上、把失去爱的威胁投射到内心("我只需要乖乖地遵守规则,然后就不用承担风险了""我感到我力不能及,但没办法,我总是要比别人多做一些"),理智化也是一种常用机制,因为它能提供可靠的保护。

与所有这些防御机制伴随而来的是压抑原来的情境和与之相关的情感,只有在病人接受精神分析治疗后,这些情感才会显露出来。

一味迎合父母的需求可能会导致孩子发展成"虚拟人格"或者温尼科特所说的"虚假自我"。这些人养成了一种态度,不仅展示出别人希望看到的一面,还与之融为一体,使得别人预料不到在他的面具背后还有多少是不为人所知的。相反,真实自体则得不到发展,也无法被区分,因为真我从未被体验过，它处于温尼科特所说的"不沟通状态"。病人常常抱怨自己感到空虚、没有意义、无家可归,这都是可以理解的,因为这种空虚感是真实的,当他们身上的活力和自发的情感被封锁住,他们的内心就会感到空洞,精神开始贫瘠,潜力被抹杀。

童年时,这些人有时会梦见自己经历了死亡。例如:

我的弟弟妹妹们站在桥上,他们往河里扔了一个盒子。我知道我已经死了,就躺在这个盒子里面,然而我听见了我的心跳,每每这时,我就会醒来。(不断重复的梦)

这个梦体现了这位病人对于弟弟妹妹们的一种无意识的敌意,包括羡慕和嫉妒,她一直充当着无微不至的"母亲"的角色,所以借助反向形成防御机制去"扼杀"自己的情感、愿望和要求。另一个例子如下:

我看到一片绿油油的草地,上面放着一口白色的棺材。我害怕是妈妈躺在里面，但我打开盖子之后，庆幸躺着的不是妈妈，而是我自己。

如果孩子从小就能够表达出对于母亲的失望之情，也就是说，能够体会自己的生气与愤怒，那他便可以保持活力。但这会导致他失去母爱，对一个孩子来说，这等同于死亡。因此，他为了留住母爱而"扼杀"了自己的愤怒。

父母与孩子在体验和发展自己情感方面存在困难，从而导致了双方形成了一种相互的依赖。父母从孩子的虚假自我中找到了渴望已久的认可，以代替自身缺失的良好的心理结构；而无法依靠自己建立良好心理结构的孩子则先有意识，后无意识地依赖父母。因为他无法信任自己的情感，他没有通过不断摸索去体会这些情感，他不知道自己真实的需求，他的自我被陌生化了。这种情况下，他无法与父母分离，长大后也会一直依赖伴侣、团体，尤其是自己的孩子对他的认可。父母留给他的

"遗产"就是父母对他的心理投射，他可以把自己的真实自体①深藏其中。与父母生活在同一屋檐下时的孤独感，后来便转变为自我的隔离。孩子被母亲自私地占有，并不意味着母亲没有给予孩子情感上的关爱，相反，母亲把孩子当作自己的客体②热爱着，但并不是以孩子真正需要的方式，而且这种爱的前提是孩子必须披着虚伪自体的外衣。这不会影响孩子的智力发育，却可能会阻碍孩子发展真实的情感。

---

① **真实自体和虚假自体**这两个概念，最早是由精神分析客体关系中间学派的代表人物之一唐纳德·温尼科特在20世纪40年代中后期分别提出的。自体这个概念很宽泛，但总的来说，我们可以将"真实自体"理解为"就是我的那个人"，能够自发地表达和呈现自己的真实状态，大体觉得内外一致、如其所是。而"虚假自体"，就像是戴着一个"真皮面具"，虽然看起来行动、功能与正常人无异，但却感觉不到自己真实的存在，就像是一个"借来的人格"。

② **客体（Object）**是指个体的意愿、情感和行为所指向的人，分为内部客体和外部客体，内部客体是存在于我们心理结构中的客体，形成于生命早期对重要照顾者的体验，外部客体则是指现实中的客体。客体可以简单地理解为与我们建立关系的人和在关系的影响下形成的一部分心理结构。

寻找真实自体

精神分析在这里能帮上什么忙呢?像海尔布隆的小凯蒂[①]那样坦率或许只存在于幻想之中,克莱斯特这样受到自恋情结折磨的人有这样的渴望,是很容易理解的。如弗洛伊德所说,福尔斯泰夫[②]那种单纯象征着健康的自恋中可悲的那面。但我说的那类病人完全不可能也不想做到那样。许多病人希望的那

[①] 小凯蒂是德国19世纪初作家克莱斯特的戏剧作品《海尔布隆的小凯蒂》剧中人物,她为了爱情能够不顾一切。
[②] 莎士比亚戏剧中的人物,肥胖、机智、爱吹牛、会享受物质生活。

种矛盾情感的和谐天堂永远也无法企及。然而体会属于自己的事实、认识到这些事实中的矛盾情感，有助于病人在成人阶段回归自己的情感世界——那儿没有天堂，但是病人有能力体会悲伤。精神分析治疗的转折点之一，是病人开始认识到，所有他们费尽心机博取的爱，根本就不是现实中的那样。对于他们美貌和成绩的夸赞，也仅仅是针对容貌和成绩，并不是在夸孩子本身。在治疗中，病人内心那个幼小孤独的孩子逐渐醒来，问道："假如站在你们面前的我又坏又丑、爱生气、总吃醋、懒惰、脏兮兮、臭烘烘，你们还会爱我吗？这样的我也是我。还是说，你们爱的根本就不是我，而是我装出来的样子——一个知书达礼、善解人意的我？可这根本就不是一个孩子。我的童年里到底发生了什么？我是不是被骗走了童年？但我再也回不去了，也无法弥补。我从一开始就是一个小大人，我的能力都被别人滥用了。"

这些问题让病人的内心笼罩在巨大的悲恸之中，同时也让他们的内心建立起了一套全新的心理结构——由悲而生的对自己命运的共情。处于此阶段的一位病人曾梦见，自己在三十年前杀死了一个孩子，却没有人帮他救助这个孩子。三十年前，恰恰是在恋母情结阶段，孩子周围的人注意到，他变得特别内向、懂礼貌、听话，却不再表现出任何情感了。

现在，病人不再把自我的表达当成无所谓，不再加以嘲讽。尽管他们仍然会无意识地忽略掉或者不注意，就像孩子还不会用语言表达自己需求的时候，父母用一种微妙的方式去忽视他们一样。随后，因为受到批判而分裂的自大幻想也显现出来，它与被压抑的需求之间的关系越来越清晰，这些需求包括关注、尊重、理解、回应和镜映等。幻想中最核心的部分总是那些以前从未被承认的愿望，例如：我是父母关注的焦点，他们都把自己的需求藏了起来（幻想：我是公主，佣人们都围着我转）；父母会容忍我把自己的情感表达出来，他们不会嘲笑我（幻想：我是著名的艺术家，就算别人不理解我，他们也都尊重我）；我的父母智勇双全，不必依赖我的成就，也不需要我的宽慰和笑脸（幻想：他们是"国王"和"王后"）。对于孩子来说，这意味着：如果有事情让我感到悲伤或幸福，那我就可以表现出悲伤和幸福，我不亏欠任何人一张笑脸，也没必要为了别人的需求而压抑自己的忧愁或恐惧等情感。我可以坏，没人会因此而头疼，我可以嬉戏打闹，就算打碎东西也不会为这点事而失去父母。用温尼科特的话说，就是我可以杀死客体，它照样会活下来。

伴随自大幻想一起出现的通常是强迫症或者变态行为，如果病人能将这种幻想当成是真实合理情感的异化形式来体会和理解，那么精神分裂就会转化成融合。

治疗要如何一步步地进行下去呢？通常，在精神分析的初始阶段，我们可以很容易让病人注意到他是如何对待自己的情感和需求的，并且让他意识到，他这样做曾帮助他生存下来。当我们认真对待病人心里头一直被压抑的东西时，他就会感到无比轻松。我们也可以借助一些手段使他知道，他是如何对自己的情感加以嘲讽、轻视、回避的，又或者他是如何对自己的感情总是后知后觉的。渐渐地，病人开始意识到，当他觉得感动、震惊、悲伤的时候，他是怎样粗暴地驱散这些情感的。（曾有个孩子，他6岁时，妈妈去世了，他的阿姨对他说："你要勇敢一点，不能哭，现在去你的房间里，玩得开心点。"）虽然很多时候病人依然需要从别人那儿了解自己，他会一直考虑自己应该是什么样、应该有哪些情感，但是总的来说，在治疗伊始，他就已经感到更加自由了，在精神分析师的辅助下，他学会体会并认真对待自己的部分情感，并能够更多地感受到自我。

但治疗不会止步于此。移情[①]性神经症一旦在病人身上得到发展，分析师就会成为其移情的对象，童年时期各个阶段的情感在此刻一股脑涌上心头。这或许是治疗中最困难，同时也是收获最多的时期。病人开始表达自己的所思所想，不再一味

---

① 移情是指来访者将自己过去对生活中某些重要人物的情感投射到心理咨询师身上，而对心理咨询师产生感情的过程。如果咨询师对来访者也产生同样的感情称为反移情。

服从，但童年的经历让他难以相信这样做不会带来生命危险。所以他不断重复设想一些情境，并将分析师也代入其中，在这些情境里，他不得不真实体会到失去父母、被拒绝、被孤立的恐惧。随后，他会觉得自己获得了解放，他可以承受这些风险，信任自己。他会被那些他本不愿体会的情感所惊讶，但要想回头却为时已晚，因为病人感知自己情感的能力已经被唤醒。现在，他必须以一种过去认为不可能的方式来重新审视自我。

以前他讨厌吝啬鬼，现在他无意中发现，自己多么在意因为分析师接一通电话而被耽误的两分钟时间。以前他从未向别人提过要求，反而不知疲倦地满足他人的要求，现在他却因为分析师又去休假了而感到恼怒。当他看到分析师身边出现新面孔时，也会觉得生气。到底是为什么？这当然不是嫉妒，更何况他也不知道这种情感。他心想："他们为什么来这儿？除了我以外，还有别人来吗？"到目前为止，他还没能意识到这一点。当他刚开始发现，他已经不再是那个友好、善解人意、大方、克制、成熟的自己时,他会觉得自尊心受到了伤害。尤其是当他发现真实自体被圈禁在内心之中,他受到的伤害会更大。吝啬、恼怒等情感在他看来并不是一种克制、成熟的举止,反而略带稚气,正因此,这些情感才遭到了排斥。如果病人发觉他像自己父亲那样讨人厌地大发脾气,或者像母亲一样操控自己的孩子,他会倍感震惊。让投射活跃起来,借助移情的帮助对其进行研究,这是精神分析的主要部分。就算病人回忆不起来,却也能无意识地再现那种场景,通过这种方式便能找到最初的那些情感。病人越多地体会以前的情感,他就感到越强大,跟自己的联系越紧密。这让他有能力直面童年的情感,体会当时的无助和爱恨交织,同时这也增强了他的安全感。

成年人体会到的对某个人爱恨交织的矛盾情感与孩子体会到的完全是两码事。曾有个病人回忆起两岁时女佣喂他吃饭的场景,他很悲伤,心想:"为什么妈妈每晚都出去?为什么她不喜欢我?是我做错了什么事,所以她要和别的小孩待在一起吗？我要做什么她才肯留下来？我不能哭，不能哭！"虽然那时他还不会想到这么多，但此刻接受治疗的他既是成年人，也是那个两岁的孩子，他伤心地哭了。他流眼泪不仅是为了宣泄情感，其中也掺杂着童年时期他对母爱的渴望，而这也正是他一直否认的。接下来的几周里，他一直体会着对母亲——一位优秀的儿科医生——那种爱恨交织的矛盾情感，十分痛苦。一直以来他脑海中对母亲的刻板印象变成了另一种样子——一位虽然和善可亲，却不能一直陪伴在孩子身边的母亲。"我恨死那些小孩了，他们总是生病，把母亲从我身边夺走；我恨我的母亲，她更愿意陪着别人，而不是我。"在移情的过程中，病人的无助感和内心长期积聚的对不能拥有的爱的客体的愤怒融合为一体。随后，长期折磨他的一种反常行为消失殆尽，其原因也不难解读。病人与女性的关系也随之改变，他不再想要自私地占据她们，以前那种先征服然后离开她们的强烈欲望也随之烟消云散了。

处在精神分析的这一阶段，病人体会到了对于所爱对象的愤怒、无助之感，这些情感以前从未被回忆起。人们只会记得自己有意识地体会到的事情。然而，患有自恋障碍的儿童的情感世界已经经过了筛选，剔除了其中最重要的东西。只有在精神分析中，这些伴随着痛苦的早期情感才能首次被有意识地体会到。真实自体处于不沟通状态，因为它必须被保护起来，在病人身上没有什么比他的真实自体藏得更深的了。当病人历经苦痛，接近真实自体时，他们身上仍有这么多真挚的情感在掩饰、否认和自我疏离之间夹缝求生，并最终流露出来，这就像是见证奇迹一般。但是倘若我们认为，在病人的虚伪自体后面隐藏着一个得到充分发展的真实自体，那就大错特错了。如果真是这样，那么这个人是没有自恋障碍的，他只是在有意识地保护自己。然而，孩子并不知道他隐藏起来的是什么。曾有位病人这样说："我就像是活在一个玻璃罩里一样，我的妈妈时时刻刻都能看到里面的情况。在玻璃罩里，我不可能把任何东西藏起来而不被别人发觉，除非把它藏到地下，但这样的话，连我自己也看不到了。"

成年人也只有在内化了一个爱自己、能与自己共情的自我客体时，才能体会自己的情感。这一点正是患有自恋障碍的人所缺乏的，他们不会对自己的情感感到意外，因为只有经过内心筛选的情感才能被体会到。为此他们必须付出的代价是抑郁和内心的空虚。真实自体无法与人沟通，因为它处于无意识的状态，得不到发展，被囚禁于内心的牢狱之中，与"监狱看守员"打交道无益于发展活力。只有在精神分析中获得解脱之后，自我才会开始表达自己，开始成长和发挥创造力。以前的空虚和幻想也转变成意想不到的丰富的活力。这个过程与其称为"回家"，不如说是"创建一个家"，因为这个"家"以前是不存在于病人心中的。

当病人有能力去悲伤，去直面童年时期的情感时，他就不必再依赖分析师了，治疗也进入了尾声。

精神分析师的境况

人们常说，精神分析师自己也饱受自恋障碍的困扰。我论述到现在就是想要弄清楚，这种说法到底是经验之谈，还是可以从分析师的天赋中推导出来。分析师具备敏锐的感觉、优秀的共情能力和体会强烈感情的能力，还拥有灵敏的"天线"，这一切注定了他会在小时候被有自恋需求的父母利用。

从理论上来说当然也有这种可能：一个孩子拥有上述的天赋，但父母不会滥用他的能力，他们知道孩子的本性，理解孩子，容忍并尊重他的情感，那么孩子就会发展出健康适度的自恋。但是他将来不会成为一名精神分析师，因为他难以培养出可以与那些"被利用"的孩子匹敌的感知能力，也无法基于自己的体会深刻地理解什么叫"扼杀"自我。

所以我认为，我们的命运和天赋使我们有能力从事精神分析这一职业，但我们需要先通过培训，学会与过去的事实共处，抛弃幻想。也就是说我们要接受这个事实：我们为了留住父母的爱而不得不去满足他们的无意识需求，哪怕是以牺牲自我实现为代价。这也意味着，如果父母不能满足我们基本的自恋需求，我们可以反抗与悲伤。假如我们没有体会过对父母的失望与愤怒，也不懂得如何面对这种情绪，那我们就面临着把这些童年的无意识情境移情到病人身上的危险。一个人无处发泄自己的愤怒，所以把它宣泄在一个比自己弱小的人身上，这也不足为奇。对分析师来说，最容易的做法就是利用自己的孩子或者病人，病人偶尔也会像孩子一样依赖分析师。一个有天赋的病人，能够通过自己的"天线"接收到分析师的无意识信号，并迅速对此做出反应。他会在分析师面前展现出自己的恋母情结，并让一切完全符合分析师的预期。然而这只是他装出来恋母情结，他在压抑自己的真实情感去迎合分析师。只有给予病人时间和空间，让他发展自己的真实自体，并倾听真实自体的诉说，一段不为人知的恋母情结的往事才会慢慢浮出水面，展现在病人和分析师面前。这会让双方都备感震惊，因为这段往事讲述的是充满痛苦的真相。

不光恋母情结如此，所有的情感都是这样。当有天赋的病人察觉到，拥有一个能够快速独立自主的病人对分析师来说很重要，他就会很快觉得自己是独立自主的，并作出相应的反应。他能够满足分析师对他的任何期望。但是这种"自主"不是真实的，它会导致抑郁。在达到真正的自主前，病人需要依赖他人，先是依赖伴侣和分析师，然后才能依赖自己。只有体会到童年深刻的、矛盾的依赖情感，才能获得真正的解放。

当病人在治疗中提供的信息与分析师的专业知识、想法和预期相符合，那分析师对认可、回应、理解和尊重的自恋需求就会得到满足。如此一来，分析师实施了无意识的操控，就像他小时候受父母操控一样。他慢慢识破了有意识的操控，也能从中摆脱出来，他学会了说"不"，学会捍卫并贯彻自己的观点。但是孩子永远无法识破无意识的操控，它就像空气一样，对孩子来说再正常不过了。

曾有位病人小时候他母亲不允许他悲伤哭泣。他不应该察觉到，他的哭声让母亲感到不高兴和不安。因为母亲的"开朗"是让她小时候存活下来的希望，孩子的眼泪只会动摇她内心的平衡。但是敏感的儿子感受到母亲筑起的防御鸿沟，母亲小时候曾被关押在集中营，却对此绝口不提。直到儿子成年，她终于肯与儿子谈论此事，原来母亲小时候曾与其他被关押的孩子一起，眼睁睁地看着自己的父母们走进毒气室，这些孩子没有一个哭泣！

整个童年阶段，她的儿子一直在保持一张笑脸，歪曲真实自体和真实情感，直到接受精神分析治疗，这些情感对他来说仍是陌生、羞愧和难以理解的。

孩子是无法与这样的无意识操控抗衡的。不幸的是，即便是父母也无法与之对抗，他们对此一无所知，哪怕是有所察觉也无法改变什么。在意识的层面，父母真诚地全身心投入地尽了自己的所能，所做的努力却是南辕北辙。无意识中，父母童年的悲剧总是在孩子身上重演。

另一个例子更清楚地体现了这一点：一个父亲儿时常常受到母亲间歇性精神分裂症的惊吓，但没有人向他解释母亲为什么会这样。后来，他喜欢给自己的女儿讲恐怖故事。看到女儿害怕，父亲总是嘲笑她，为了安抚女儿，他又说："这个故事是编出来的，不用害怕，我陪着你呢。"如此一来，他就操控了孩子的恐惧，并且因此觉得自己很强大。他是有意识地想给孩子自己缺乏的东西，比如安慰、保护、解释。但是他同时无意识地传递给女儿的是自己童年的恐惧、不幸，和未解的疑惑

——为什么这个我也爱他,他也爱我的人要这样吓我?

  每个人的心中都藏着一个小房间,里面装着我们童年悲剧的道具。这里面可能是一个人不为人知的幻想、反常行为,或者是部分尚未克服的童年痛苦。而唯一有机会踏入这个小房间的人,就是他们的孩子。新的生命进入里面,童年的悲剧继续上演。然而孩子自己是不可能自由摆弄这些道具的,他的角色早已和自己的人生融为一体。今后的人生中,他也不会回忆起这一出戏,除非在精神分析中通过无意识的重复,让他质疑自己的角色。这些道具虽然有时候让他害怕,但是孩子不会把它们与父母联系到一起。这是可以理解的,因为这些道具体现了父母分裂的、而非统一的部分。而孩子根本意识不到这一矛盾,他依旧接受、容忍,以致发展出一些病症。在随后的治疗中,他的情感会逐渐流露出来,包括震惊、绝望、反抗、猜忌、同情与谅解。

海因里希·裴斯泰洛齐（Heinrich Pestalozzi）[1] 六岁丧父，母亲和保姆也没有给予他情感上的关爱。在他给予孤儿院里的孩子温暖和父爱的同时，却偏偏忽视了自己唯一的儿子，这难道是巧合吗？[2]

这个孩子十岁的时候被认为是痴呆，三十岁便英年早逝。对裴斯泰洛齐来说，这是痛苦和罪恶感之源。裴斯泰洛齐曾说过："你可以把魔鬼从你的花园里赶走，但在儿子的花园里，你又见到了他。"用精神分析学的话来说就是："父母心里分裂的，不统一的部分投射到了孩子的心中。"

---

[1] 海因里希·裴斯泰洛齐（1746－1827），瑞士教育家和教育改革家，被尊为西方"教圣"、欧洲"平民教育之父"，曾创办孤儿院，致力于儿童教育。他的儿子是汉斯·雅各布（Hans Jakob）。

[2] 在裴斯泰洛齐的传记中我们可以读到这样一段话："雅各布得打理自己的花园，在里面收集植物，要把蛹和甲壳虫有序细心地收集并保存起来……。雅各布这时才三岁半而已。大约一年后，还不会写字的雅各布在父亲的命名日之际高兴地向母亲口述了一段话：'我祝愿我亲爱的爸爸……你可以经历得更多，我非常感谢你的善举……感谢你把我培养成一个快乐又可爱的人。现在我要和你说我的心里话……如果你可以说"我为了儿子快乐而把他养大……我是他的欢乐所在"，那我会十分感激你在我生命中所做的一切。'……"

结　语

关于父母对孩子进行无意识操控这一点，我们认识得越深入，就会对改变世界和预防神经症抱有越少的幻想。我们到底能为治疗自恋障碍做些什么呢？我们不能用理论去操控病人，而是应该让他们心中分裂的部分重新融合，让他们成为真正的自己。我们只有回顾那些痛苦的经历并接受其中的事实，才会不再寄希望于找到一个理解自己、能与自己共情的母亲。

然而这种诱惑不可轻视，因为我们自己的母亲可能很少认真地倾听我们，甚至从不会诚恳地向我们透露她的内心世界。但是我们生命中永不泯灭的伤痛又让我们不会沉溺于这个幻想之中。一位通情达理、平易近人、头脑清醒，而且内心没有矛盾和"小房间"的完美母亲是不存在的，因为每一位母亲心中都有一部分"尚未克服"的过去。只有从童年阴影中解脱出来，她才能够产生共情。如果她因为否定自己的命运而套上了无形的枷锁，那也无法做出共情的回应。

我们常常见到这样的孩子，他们聪明伶俐、心细如发，处处为母亲的利益着想，为母亲所支配。最重要的是，他们内心纯洁，容易被看透和操控。他们把真实自体和情感世界藏在他们生活的透明房屋的地下室中，直到他们进入青春期或者接受精神分析治疗，甚至到他们自己成为父母为止。

在法国作家阿尔丰斯·都德（Alphonse Daudet）的《磨坊信札》(*Les Lettres de mon moulin*) 中，我读到一篇略显荒诞的故事，但是它与我所论述的东西又有不谋而合之处。最后，我想给大家简单讲一讲这个故事。

从前有个小孩儿，他有金子做的脑子。直到有一次他的头受伤了，流出来的不是血而是金子，他的父母才偶然间发现这点。于是他们小心地照看这个孩子，不让他和其他小孩玩耍，生怕金子被偷了。小男孩长大之后，想要去外面的世界闯一闯。他的母亲说："我们为你做了这么多，你也应该和我们分享你的财富。"然后儿子就从自己的脑子里拿出一大块金子，给了母亲。后来，他和一个朋友一起，过上了大手大脚的生活。一天夜里，朋友偷了他的金子，逃走了。于是他决定，今后不告诉别人他的秘密，并找了份工作，因为自己的财富已经所剩无几了。有一天，他爱上了一个美丽的姑娘，姑娘也爱他，但更爱他给自己买的漂亮的衣服。他娶了姑娘，觉得很幸福。然而两年后，姑娘就死了。他认为葬礼要办得风风光光，便把剩下的所有金子都花在了这上面。一天，他在街上踉跄而行，失魂落魄，穷困潦倒。他看到橱窗里有一双漂亮的小靴子，非常适合他的妻子。他忘了妻子已经死了，可能是因为他的脑子已经空了，根本没法思考了吧。他走进店里，正要买靴子时就倒在了地上。售货员走过来，看到地上躺着一个死人……

都德在这个故事的结尾写道："这个故事看似是虚构的，实则从头到尾都是真实的。世界上就有这种人，他们为了生活中鸡毛蒜皮的小事，绞尽脑汁，费尽心思。生活于他们来说，是无尽的痛苦。等到有一天，他们不堪其苦的时候……"

母爱不也是这种"鸡毛蒜皮的小事"吗？但它又是生命中不可或缺的东西，许多人不惜为此牺牲自己的生命活力。

后　记

在我作了以上报告之后，我收到了很多来信，信的内容反映出 1939 年至 1945 年之间出生的人的共同遭遇。他们出生后都待在母亲身边，然而他们的母亲因为战争或者受到迫害而感到强烈的恐惧与不安全感，她们很大程度上依赖着孩子的共情。这些孩子必须竭尽全力，帮助母亲减轻忧虑，在此过程中，他们真实自体的发展也受到了很大的影响。如今他们早已步入中年，他们有时需要接受数年的精神分析，来有意识地体会害怕、愤怒或者不知所措的感觉。看来，这些感情并不是只有他们的母亲才有权体会的。

第二章 TWO 抑郁和自大——自恋障碍的两种表现形式

每个孩子都有合理的自恋需求,比如得到母亲的关注、理解、尊重和认真对待。在出生后的几周甚至几个月里,孩子依赖于母亲对他的服从。他需要母亲像镜子一样,可以从她身上看到自己。温尼科特曾这样描述这个美好的画面:"母亲看着怀里的婴儿,婴儿也看着母亲的面容,并在其中找到了自己……"这一切的前提是,母亲是真的看着面前幼小而无助的生命,而不是自己的内心投射,也不会把她的期望、恐惧和为孩子制定的计划投射到孩子身上。否则,孩子在母亲的面容中找到的就不是自己,而是母亲的困境。孩子自己则缺少镜映,他会用一生的时间去徒劳地寻找这面镜子。

导　论

　　多年来，我的工作主要是对病人进行精神分析治疗。此外，我还会与那些来咨询的人单独谈话，每次大概一两个小时左右。谈话尽管短暂，他们的悲剧命运却显露无遗。他们感到抑郁、空虚、孤独，不知道存在的意义，害怕精神上的贫瘠。在我看来，这种自我丧失和自我疏离正是悲剧所在。这种现象在我们这一代人中尤为常见。通过我多年来的工作——帮助患者重建自我，我想我已经越来越接近童年中自我疏离这一问题的根源了。

玛格丽·马勒、雷诺·史必兹（René Spitz）[①]和詹姆斯·罗伯逊（James Robertson）[②]三人关于早期母子互动的观察更加印证了我的猜测。阅读了温尼科特的著作后，我发现我的想法是自洽的，这促使我沿着这条路继续走下去。最后，海因茨·科胡特（Heinz Kohut）[③]关于自恋情结的研究，尤其是他提出的"自恋占有"这一概念，我得以将我的发现发展为理论。

在接下来的文章中，我会弃用结构理论玄学般的语言，并在母子关系的基础之上发展我的理论。很明显，这里所描述的大部分过程都是在内心发生的，但是在内化一个客体之前，总

[①] **雷诺·史必兹**（1887—1974），美国精神分析学家，幼儿心理学和发展心理学的先驱。
[②] **詹姆斯·罗伯逊**（1911—1988），苏格兰精神分析学家。
[③] **海因茨·科胡特**（1913—1981），美国精神分析学家，自体心理学创始人。

归要先建立客体关系①。而且客体关系的语言更加生动，贴近情感，易于理解。

---

① 客体关系是指存在一个人内在精神中的人际关系形态的模式。客体关系理论（object－relations theory）主张人类行为的动力源自寻求客体。该理论是在精神分析的理论框架中探讨人际关系，更强调环境的影响。认为真正影响一个人精神发展过程的是在出生早期婴儿与父母的关系。此理论探讨的是婴儿与母亲的关系如何影响个体的精神结构以及个体如何成长起来，将人格发展的重心从俄狄浦斯情结转移到从出生到3岁的俄狄浦斯前期的冲突之上。

自恋需求的命运

科胡特认为，如果我们不把一个客体当成是他自己行为的中心，而是当成我们自己的一部分，那我们就自私地占有了他。如果别人不按照我们的期待或要求来行事，我们可能会感到非常失望、伤心，就像自己的胳膊突然不听使唤，或者某些理所当然的官能（比如记忆力）突然失灵了一样。突然失去对别人的控制，可能会引发我们强烈的愤怒。这种心态在成年人身上要比表面上看上去更普遍。我们喜欢把它称作一种病态的、不现实的、自私的心态。然而，在我们生命的最初阶段，这种心态是唯一的可能性。不仅在原始自恋阶段（共生阶段），而且在自体与客体逐渐分离之后，母亲都是被自私占有的客体。她的功能就是使个体得以形成。

每个孩子都有合理的自恋需求，比如得到母亲的关注、理解、尊重和认真对待。在出生后的几周甚至几个月里，孩子依赖于母亲对他的服从。他需要母亲像镜子一样，可以从她身上看到自己。温尼科特曾这样描述这个美好的画面："母亲看着怀里的婴儿，婴儿也看着母亲的面容，并在其中找到了自己……"这一切的前提是，母亲是真的看着面前幼小而无助的生命，而不是自己的内心投射，也不会把她的期望、恐惧和为孩子制定的计划投射到孩子身上。否则，孩子在母亲的面容中找到的就不是自己，而是母亲的困境。孩子自己则缺少镜映，他会用一生的时间去徒劳地寻找这面镜子。

健康的自恋

如果一个孩子有幸在一个能满足他镜映需求的母亲身边长大，且母亲允许自己被孩子占有，服从孩子，也就是说她为了孩子的自恋发展甘愿被利用，那在成长中，孩子就会慢慢培养出健康的自我感觉。理想的情况下，母亲也能为孩子提供友好的情感氛围，并能理解孩子的需求。就算是没那么热心肠的母亲也能够促成孩子的健康发展，只要她不妨碍孩子发展就行。这种情况下，孩子可以从别人那儿获取母亲不能给予他的东西。大量研究表明，健康的孩子吸收身边微小的情感"养分"的能力十分惊人。

在我看来，"健康的自我感觉"是确信自己感受到的情感和愿望是自体的一部分。这一确信不会体现出来，它就像人的脉搏一样，只要正常搏动，我们是不会注意到它的。

当一个人可以自发、自然地接近自己的情感和愿望时，他也能从中获得依靠和自尊。他可以体会自己的情感，可以悲伤、失望或者需要帮助，而不用担心自己让母亲感到不安。当他受到威胁，他可以害怕；当他的愿望没有得到满足，他可以生气。他不仅知道自己不想要什么，还清楚自己想要的是什么。他也可以把这些自由地表达出来，不管他是因此被人爱还是遭人恨。

接下来，我会列举一些成功的自恋发展的特征。我想说明的是，这里描述的现象是理想化的，在现实中只能无限接近。"健康的自恋"也可以称为"内心的自由与活力"。

1. 攻击冲动可以被抵消，因为它没有动摇母亲的安全感和自尊心；
2. 追求独立不会被当成攻击行为；
3. 孩子可以拥有并表达"平常的"情感冲动，如嫉妒、愤怒和抗拒等。因为他的父母不要求他"很特别"，不需要让他像招牌一样代表自己的道德观念；

4. 理想情况下，孩子可以不用取悦任何人。他各个发展阶段的活力被允许自由生长并且展示；

5. 孩子可以需要父母，用温尼科特的话来说是"使用"，因为父母是不依赖于他的；

6. "使用父母"这一前提条件让他能够成功将自体与客体区分开来；

7. 因为孩子可以表现出爱恨交织的矛盾情感，所以他会学着体会自体与客体当中的"好与坏"，而不必把"坏的"客体从"好的"里面剔除出去；

8. 孩子有能力爱他人，因为父母也把他当作独立的个体爱着他。

9. 孩子能够把自恋需求融入自身，而不必去压抑它。前提条件是他在寻求满足时，受到的挫折是适度的，而非创伤性的。

10. 基于自己的尝试和错误经验，孩子能调整自己的融合方式，并且建立起约束欲望的"母质"①。

自恋障碍

如果母亲不仅无法满足孩子的自恋需求，而且她自己的自恋需求也没有得到满足，会发生什么？她会全然无意识地利用孩子来满足自己的需求，自恋地占有孩子，尽管她的初衷是好的。这样做并不意味着母亲对孩子没有强烈的情感上的关爱。情况刚好相反。然而她的爱可能缺乏持续性和稳定性，这恰恰是非常重要的。母亲没有给孩子足够的空间，让他去体会自己的情感和感觉。孩子便发展出一些能满足母亲需要的东西。虽然这些东西在当时保障了他的生存，即获得父母的爱，却妨碍了他在以后的人生中成为他自己。这种情况下，属于孩子这个年纪的自然的自恋需求就无法融入他正在形成的人格之中，而

---

① 共生是没有经过分化的自体—客体。所有的精神生活从共生开始，真正的自体便是从这个母质（matrix）当中产生的。

是会被压抑或者分裂出去,从而继续保持其早期原始的形态。这也令这些需求以后更加难以融入。

马勒在她的书中写道:"母亲特别的无意识的需求可以创造一种孩子,激活孩子的无限可能性当中的一种,这种孩子可以反映她自己的独特的个人需求。"换言之,母亲一直以多样化的方式向孩子传递一种"镜像框架",而孩子的原始自体要做出改变,去适应这个框架。假如母亲在孩子幼儿期的镜像功能是难以捉摸的,怀有敌意的或者让人忧虑不安的,假如她对自己作为一个母亲的自信有所动摇,那么孩子在个体形成阶段,就不能从自己的共生伙伴那里得到一个可靠的情感的再次确认。结果就是,孩子的原始自体感觉会发生障碍。

我大多数的病人都拥有一个自恋障碍的母亲,而且母亲时常感到极度不安,心情抑郁。这些病人通常是母亲的独生子,或者第一个孩子,他们被母亲自私地占有。母亲小时候无法从她的母亲那儿得到的,她都会在自己的孩子身上找到：孩子可以给予母亲回应、关注和赞美，可以被母亲掌握在手中，完全以母亲为中心，永远不会离开她。母亲小时候常常被她的母亲求全责备，那时她无力抵抗。但现在不同了，如果孩子对母亲提出了过高的要求，她不再有求必应。她会教育孩子，让他成为一个不哭不闹的人。最终，她得以从孩子那儿获得关心和尊重。

让我们来看一个案例。我曾有位病人，她是四个孩子的母亲。在接受精神分析时，她给出的关于自己母亲的回忆很少。在治疗开始的时候，她把母亲描述成一个情感丰富、热心肠的人。母亲在她很小的时候就向她袒露自己的忧愁，尽心尽力照顾孩子，为了家庭牺牲自我。在她的家庭所属的教区内，常常有人来向母亲请教问题，所以母亲必须具备良好的共情能力。病人还提到，母亲很为她骄傲。如今，母亲已经年老体弱。病人非常担心母亲的身体，每每梦到母亲出了什么事，都会带着恐惧从梦中惊醒。

随着治疗的展开,这位病人体会到了许多以前未知的情感,母亲在她心中的形象也发生了改变。尤其是当她回忆起母亲对她进行如厕训练时,她开始觉得母亲是一个专横苛刻、控制欲强、善于操纵、冷漠愚昧、心胸狭隘、敏感易怒、虚情假意的人。尽管这样的形象之中掺杂着病人内心积压已久的愤怒,但是她有关母亲的童年回忆的确包含了上述特征。

只有当她在治疗中再现许多童年的场景时,她才能够透过自己与四个孩子的关系去发现,母亲到底是一个什么样的人。在治疗快结束的时候,她认为,当母亲在女儿面前没有安全感时,她的确有时候对女儿太过冷漠无情了。母亲对孩子担心忧虑,是因为她想借助反向形成机制[1]掩饰自己对孩子的攻击和嫉妒。由于母亲小时候常常遭人羞辱,所以她想从自己的女儿身上获得尊重。母亲在女儿心中的两种截然不

---

[1] 反向形成机制:把无意识之中不能被接受的欲望和冲动转化为意识中的相反行为。

同的形象——即可爱的母亲与恶毒的泼妇，逐渐融合为一体，成为一个因为自己的软弱、敏感和不安全感而必须掌控孩子的人物形象。在外人看来，母亲很正常，其实和孩子在一起时，她也是个孩子。相反，女儿则承担了那个体谅人、照顾人的角色。直到她有了自己的孩子时，她才发现了自己内心也有个苛刻的孩子，它总是想要别人听任自己的摆布。

一位母亲有自恋障碍，不代表她所有的子女也得受此折磨。如果其中有一个孩子已经受到母亲的摆布，其他的兄弟姐妹就会有一些自由空间。从一开始就在乳母或者其他抚养人身边长大的孩子，也能自由发展其个性，因为他们很少被别人自私地占有。

法国文豪巴尔扎克在他的小说《幽谷百合》中叙述了他的童年故事。他的母亲偏爱弟弟，所以先是把巴尔扎克托付给了奶妈，后又送他去了寄宿学校。为此，他非常痛苦，所以一生都在追求像母亲一样的女人。然而，他没有被母亲当作她的

"招牌"或许是他的幸运。求爱遭拒，让他能够自由地发展自己的情感和承受痛苦的能力。艺术家梵高也是如此，他的母亲一生都在追念早早去世的大儿子。

被父母自私地占有的孩子仍然可以不受干扰地发展其智力，而他的情感世界则得不到发展。这对他的身心健康会产生严重的影响。虽然他的聪明才智帮助他强化了自己的心理防御，但是在这背后，他的自恋障碍只怕会越来越严重。

在实践中，我见到过许多不同形式的自恋障碍。为了清楚起见，我只讲两种极端的形式——自大和抑郁。我倾向于把二者看作对立统一关系。在自大中一直潜伏着抑郁；在抑郁的情绪背后，也经常隐藏着无意识的（或者虽然有意识，但是被分离的）自大幻想。其实，自大是对抑郁的防卫，而抑郁是为了防御自我丧失带来的深深的痛苦。

自大

自大的人到哪儿都会得到赞美，他也需要这种赞美。缺了它，他就活不下去。他一定会把他做的每件事都出色地完成，他也有这个能力，否则他不会去做。因为他具有的品质，例如美貌、聪明、天赋、成就等等，他也非常欣赏自己。然而，一旦其中某一种品质让他失望，那么严重的抑郁症就会向他袭来。我们通常认为，病人、老人或者处于更年期的妇女感到抑郁是很正常的。有些人能够承受得了失去美貌、健康、青春或者自己爱的人，虽然他们会悲伤，但不会抑郁。相反，有些天赋异禀的人则患上了严重的抑郁症。如果我们把自我价值建立在自己情感的真实性这一基础之上，而不是建立在拥有某种品质上，那我们就能够摆脱抑郁症的困扰。

自大的人自我价值感的崩塌清晰地展示了他的自尊是如何悬浮于空中的。一位病人曾梦见自己被挂在了一个气球上，一阵风吹来，气球便往天上飘。但是突然间气球上有了一个洞，随后它就像碎纸片一样躺在了地上。从中我们可以看出，自大的人内心缺乏可以给予他们依靠的东西。

自大的人的伴侣（包括性伴侣）也是被自私占有的。伴侣的存在就是为了赞美他，而他也不遗余力地去收获赞美。这体现出，他对伴侣的依赖让人备受折磨。童年的痛苦经历再次上演：他一直是那个受到母亲赞美的小孩，然而同时他察觉到，受到赞美的其实是他的品质，他真正的自我并没有得到爱。

如果孩子辜负了父母对他的期望，父母对他的骄傲之情很容易就会转变成羞耻感。① 自大的人永远无法割断赞美与爱之间的悲剧关联。他们不断地寻求赞美，贪得无厌，因为赞美与爱并不是相同的东西。赞美只是对他无意识的原始需求的替代性满足，他其实真正需要的是尊重、理解和被认真对待。

在1973年于巴黎举办的心理学大会上，心理学家奥托·克恩伯格（Otto F. Kernberg）曾在小组讨论中谈到过自恋障碍患者展现出的显著的嫉妒心理。此外，他还注意到，这些人嫉妒任何东西，甚至嫉妒他人的客体关系。我们可以设想，他们极度嫉妒心理的无意识根源就在客体关系中。一位病

---

① 1954年，一项来自美国马里兰州柴斯纳（Chestnut Lodge）精神病研究机构的研究，调查了12位躁狂抑郁性精神病病患的家庭环境。研究结果在很大程度上证实了我关于抑郁和自恋障碍病因的认识：所有的病人都来自社交孤立的家庭，并且他们觉得很少受到邻居们的尊重。因此，他们竭尽所能，通过适应环境和获得非凡的成就来提高他们在邻居中的威望。在此过程中，孩子被分配到一个特殊的角色。他需要保障家庭的荣誉，并且只有凭借过人的能力、天赋和美貌来达到家人的理想化要求，他才会得到爱。如果他失败了，他就会受到家人的冷眼相待，甚至被逐出家门。他确信家人因他而蒙羞。
我接诊的病人的家庭也处于社交孤立的状态，但这并不是父母自恋障碍的原因，而是后果。

人曾表示,自己像是踩着高跷在走路。难道时刻踩着高跷走路的人,会不嫉妒那些虽然比自己矮小,但可以正常地用双脚走路的人吗?难道他的心中不会产生愤怒吗?是谁让他离开高跷就不敢走路了?借助心理防御机制中的转移法,他得以把自己嫉妒之情转移到其他事情上。归根到底,他嫉妒的还是健康的人。因为健康的人没必要时刻努力,以获得赞美;因为健康的人没必要做些什么事来给人留下深刻印象,他甘于平庸。

明显的自大行为,特别是涉及性欲方面,通常被称作"阳具崇拜"。符合描述的女性经常在俄狄浦斯期(或者更早——当情感上父亲代替了母亲时),感受到自己在性方面的"特殊地位"。因为她在前俄狄浦斯期发展成为母亲的一块"招牌",所以她的特殊地位早已注定。如果再加上来自父亲的诱骗行为,她就会有种强迫症,不停地在她与男人的关系中寻找自己的特殊地位。为了保住她在父亲心中的优先地位,她也不得不排挤俄狄浦斯三角关系中的痛苦竞争。最终她会体会到,她无法真正爱上他人,这是一种自恋受伤。因为成为一个完整的、有能力去爱的女人，是她野心的一部分。矛盾的是，这一切的都是投射在心里的、被转换的母亲形象造成的。

发生在所谓的"阳具崇拜"的男人身上的事情可能更简单。他是母亲特别的儿子，或者在误导的情况下，他是母亲偏爱的性对象。如果"阳具崇拜"的男人想要觉得自己像一个男人，他就会逼迫自己必须出色。如果他不能做真正的自己，而必须成为某种特定的人，那他当然会失去自体的意识。然后他不断为自己脆弱的自我价值感加油打气，这也导致了他的自体愈加虚弱，就这样一直循环往复，永无止境。意大利导演费德里科·费里尼（Federico Fellini）执导的电影《卡萨诺瓦》非常传神地向我们展现了这种人的形象以及他们的困境。

自大的人从未真正自由过，因为他强烈地依赖客体对他的赞美，他的自我价值感也取决于自己拥有的品质、发挥的作用和获得的成就，而这些可能在顷刻间崩塌。

抑郁——自大的反面

在我认识的病人身上，抑郁和自大总是有着千丝万缕的联系。

有时候，如果一个人的自大因为严重的疾病、伤残或者衰老而崩塌，那么他就可能会抑郁。比如说，一个逐渐衰老的未婚女性收获的赞美会越来越少，男人们不再给予她持续的认可，而这曾经充当着她没能在母亲身边得到满足的镜映需求的替代物。表面上看，她对衰老的失望与缺少性生活有关；而深层的原因是她在共生阶段对于孤独的恐惧再次被唤醒，然而她没有任何新的征服物去对抗这种恐惧。她所有的镜映替代物都破碎了，她再一次无助而又迷茫地站在那里，就像当初还是小女孩的时候站在母亲面前一样。从母亲的脸上，她看到的不是自己的镜映，而是母亲的迷茫。同样，"阳具崇拜"的男人也会感知到自己的衰老，即使一段新的恋情可以让他在一段时间内沉浸于青春的幻想中，因此他在衰老引发的抑郁症的初期会表现出躁狂的状态。

在许多病人身上都能看到自大与抑郁交替出现。它们就像一块奖牌的两面，这块奖牌叫作"虚伪自体"。病人曾因为自己的成就而获得过这块奖牌。

例如，一位演员在他的成名之夜能从热情的观众的眼中看到自己的镜像，并感觉自己像神一样伟大、全能。然而，如果这一晚他的幸福感不仅仅源于他的演出、艺术表现这些创造性活动，而且也主要源于他的原始需求（如回应、镜映、受到关注、得到理解等）获得替代性满足，那么第二天醒来，涌上心头的可能是空虚、无意义感，甚至是羞耻与愤怒。如果演员的创造力与这些需求无关，那他第二天早晨就不会感到抑郁，而是会充满活力去忙其他事情。如果前一晚的成功只是作为对童年挫折的否定，那这和所有的替代物一样，仅能为他带来暂时的满足。他不可能体会到真正的满足,因为体会它的恰当时机早已一去不复返了。他早就不是当时的那个小孩了,而父母也已不是当时的父母了。如果他的父母还健在的话,也已经老了,不能自主,再也无法支配自己的孩子了。他们为儿子取得的成就感到开心,儿子偶尔来探望他们,他们也就心满意足了。如今,虽然儿子功成名就,但是功名终究只是功名,它无法填补内心早已存在的空洞。只要他仍然在幻想中,在成功的醉梦中否定过去的伤口,那这些伤口永远无法愈合。抑郁只会让他更加接近这些伤口,他只有为关键时期失去的东西感到悲伤,伤口才会真正愈合。[1]

---

[1] 我想引用音乐家伊戈尔·斯特拉文斯基(Igor Strawinsky)说过的一段话作为成功体会悲伤的例子:"我深信,我的不幸来自于父亲从精神上疏远我,母亲也不爱我。我的大哥意外去世之后,我的母亲没有把对他的情感转移到我身上,父亲对我仍是一如既往的冷漠。那时我决定,早晚有一天要让他们对我刮目相看。现在,这一天来了又去了。除了我,没有人记得这一天,我是唯一的见证者。"作家萨缪尔·贝克特(Samuel Beckett)说过一段完全相反的话:"或许大家可以说我有个幸福的童年,尽管我在体会幸福这方面并没有什么天赋。我的父母竭尽所能让我幸福,但我时常感到孤单。"在此,童年的悲剧完全被内化了,理想化的父母形象借助否定机制保留了下来,但是贝克特童年无尽的孤独感在他的戏剧作品中得到了体现。

一个人似乎可以用他不断取得的非凡成就来麻痹自己，让自己沉浸在获得关注以及拥有可支配的自体客体①的幻想之中。他不得不像否定自己的情感反应一样，否定自己在童年缺少自体客体的事实。这类人通常能够强化自己的能力以抵抗抑郁的威胁，这不仅让周围的人，也让他们自己都感到惊讶。通常，他们会选择一个要么已经表现出明显的抑郁症状，要么容易在婚后受到自大的伴侣的无意识影响而变得抑郁的人结婚。这样一来，他们自己就不会抑郁，反而开始照顾起"可怜的"伴侣来，像孩子一样保护着他（她）。他们会感到自己很强大、不可或缺，他们获得了建立自己人格所需的额外支柱。但是他

---

① 最早科胡特用客体来形容与自体主观体验相关的客体经验，后来由于这一经验不同于一般所说的客体关系经验（例如客体关系理论），所以使用了"自体—客体"，这代表自体和客体没有界限的一种主观体验性状态。科胡特中晚期由于试图想更加明白地表示这一概念，因此索性连"—"也取消了。"自体客体"代表与精神体验性主体（自体）的感受而存在的客体。自体客体是那些被经验为自体部分的人们或客体，或为自体服务而用来提供自体发挥功能的人们或客体。自体客体首先是一个客体，但这个客体对自体而言又很特殊，对自体来说，自体客体不是分离和独立的，它是功能性的客体，是被自体运用的一个工具，通过镜映、理想化和模仿，最后被自体内化，成为自体的延伸和一部分，因而这个客体必须被称为自体客体，而没有其他更好的称谓。

们的人格并没有坚实的基础，而是建立在成功、成绩、"强大感"以及否定自己童年的情感世界这几根支柱之上。

抑郁最终会导致持续的、明显的情绪低落，表面上看这与自大并无关联。然而，抑郁者受到压抑，或者被分离的自大幻想很容易被察觉，比如他是一个道德受虐狂。因为只有他才配得上他自己制定的那套特别的、严格的标准。同一个想法或行为，出现在自己身上，他会觉得很下流无耻，但是出现在别人身上，他却能轻而易举地容忍。别人可以平庸，只有他自己不行。

尽管抑郁在外在表现上与自大截然相反，而且某种意义上，自体在它那里丧失得更彻底，也更悲剧，但是在自恋障碍中，二者拥有相同的根源。二者都表明了病人的内心有一座"监狱"。自大的人和抑郁的人都强迫性地一定要满足母亲对他们的期望，这里的"母亲"不一定是现实中的母亲，更多的是母亲投射在孩子心里的形象。自大的人都是满足了母亲的期望的孩子，而很多抑郁的人都没能达到要求。

在他们身上，我们可以看到很多共同点：

1. 都有一个虚伪自体，它导致了原本可能存在的真实自体的缺失；
2. 自我价值感很脆弱，因为他们对自己情感和愿望没有自信，把自我价值建立在实现虚伪自体的可能之上；
3. 完美主义者，有一个相当高的理想自我形象；
4. 否定遭到唾弃的情感；
5. 想要自私地占有客体的念头占了上风；
6. 极度害怕失去爱，因此总是乐意改变自己，适应别人；
7. 嫉妒健康的人；
8. 有着强烈的、被分裂的、从而无法抵消的攻击性；
9. 敏感，容易觉得自己受到了侮辱；
10. 容易产生羞愧感和罪恶感；
11. 心神不定。

抑郁可以理解为自我丧失的信号，而自我丧失主要体现在否定自己的情感反应和感觉。这种否定始于童年中因为害怕失去客体的爱而进行的至关重要的适应性改变。随后，在客体投射的内心形象的影响下，这种否定延续了下来。因此，抑郁向我们暗示了病人身上存在一种早期的障碍。早在婴儿时期，病人就缺乏某些有助于形成稳定的自我意识的情感。在借助精神分析帮助患者重建自我的过程中，我越来越觉得，有些孩子可能连最早期的情感都没能体会到，例如不满、生气、愤怒、痛苦、拨弄自己身体感到的快乐，甚至是饥饿感。①

孩子的不满和生气，会让母亲质疑自己作为母亲的角色；孩子表现出痛苦，会引起她的害怕；孩子拨弄自己身体产生的乐趣，会激起她的嫉妒，有时也会让她在别人面前感到难为

---

① 我们有时可以听到有些母亲骄傲地说，她的宝宝学会了通过分散注意力来抑制饥饿感，并安静地等待喂食的时间。我认识一些成年人，他们在婴儿时期有过这种经历。如今他们不能确切地知道，自己是真的饿了还是出现了饿的幻觉，他们时常担心自己会饿晕过去。

情,或者动摇她的反向形成机制。如此一来,孩子很早就学会,如果不想冒险失去母爱,他就不该体会到那些情感。

一位接受了四年精神分析治疗的病人,在生完第三个孩子的几周后,再一次来到诊所。她告诉我,生完这个孩子,她感到十分自由、充满了活力,这与前两次完全不同。以前她觉得自己一直受到孩子的苛求、利用和剥削,感觉自己就像被囚禁了一样。所以她反抗孩子提出的合理要求,同时,她又觉得自己很坏——就像在抑郁之中,她与自我分离了。她认为,这些反应或许是潜意识中她对自己母亲的要求的反抗。而现在她的心态完全变了。以前她苦心争取才能得到的爱,现在轻轻松松就能自给自足。她很享受那种与孩子、与自己融为一体的感觉。后来,谈到母亲,她说了下面这段话:

我是母亲王冠上的明珠。她常说,"玛雅很可靠,她非常能干。"我确实能干,我帮她照顾弟弟妹妹,好让她专注于她的事业。她越来越有名气,但我从没见她开心过。多少个夜晚，我都在想念她。弟弟妹妹们哭，我就安慰他们，但是我从来不哭。谁会要一个只会哭的孩子？我只有表现出一副能干、稳重、通情达理的样子，并且从不过问母亲的私事，从不在她面前表现出我有多想她，我才能得到她的爱。因为不这么做的话就会限制她的自由，我反而自作自受，她需要自由。那时，没有人意识到，这个能干的、安静的、可以帮得上忙的玛雅内心其实很寂寞，很痛苦。除了为母亲感到骄傲，并且帮助她之外，我还能做什么呢？

所以她内心的空洞越深，她王冠上的明珠就必须越大。我可怜的母亲需要这颗明珠，因为她所有的行为其实都是为了压抑什么东西，或许是一种渴望，我不知道……或许，当她有幸成为一个不仅是生理意义上的母亲时，她才能发现压抑的是什么东西吧。这不是她的错。她尽力了，只是她没有天赋去感受自发的爱带来的乐趣罢了。

然而这一切又在我的孩子彼得身上重演了！为了我能顺

利完成学业，他和家里的女佣一起度过了多少无趣的时光啊！这也让我更加远离自我，远离孩子。多少次我都离他而去，却不曾意识到，这给他带来了什么后果，因为我从来都无法体会自己的孤独感。直到现在，我才开始想象，没有王冠、明珠和光环的母亲会是什么样子。①

---

① 一本专门揭露禁忌的真相的德国女性杂志曾经刊登了一封读者的来信，在信中，她直言不讳地叙述了她身为母亲的悲惨经历。问题的本质在于，她既没能真实体会到自己的悲剧，又没能体会到孩子的悲剧，因为她自己的童年，才是整个悲剧的开端。信的结尾写道："该给孩子喂奶了！孩子放的位置不对，很快我的乳头就被他咬破了。我的天呐，这太难受了。才两个小时，他就又来了。这次是另外一只，还是一样。他在那儿吮吸，我在上面疼得大声叫骂。伤口发炎了，很严重，我无法进食，还发高烧到 40 度。孩子断奶后，我很快觉得好多了。很长一段时间里，我根本没有当母亲的感觉。要是孩子死了，我也不会在意。所有人都期望我能幸福。于是我绝望地打了一个电话给朋友。她认为，如果我一直关心孩子，始终围绕在他身边，那么我总会慢慢地喜欢上孩子的。但这行不通。当我又能够去上班，回到家后把孩子当作消遣的玩物时，我才开始喜欢上孩子。但是说实话，一只狗也能有同样的作用。现在，他慢慢长大了。我开始意识到，我可以教育他，他总是粘着我，又这么相信我。我们之前产生了一种温情。能有这个孩子，我很高兴。我把这些告诉你们，是因为我觉得终于有人可以说，根本就不存在母爱，更别谈母性了。"

纳西索斯的传说

　　纳西索斯是希腊的美少年，许多青年和姑娘都爱慕他，其中包括山中美丽的仙女伊可。伊可不会说话，只会重复别人说的最后几个字。机会凑巧，纳西索斯和他的猎友走散了，因此他便喊道："这儿可有人？"伊可回答说："有人！"他吃了一惊，向四面看，又大声喊道："来呀！"她也喊道："来呀！"他向后面看看，看不见有人来，便又喊道："你为什么躲着我？"他听到那边也用同样的话回答。他立定脚步，回答的声音使他迷惑，他又喊道："到这儿来，我们见见面吧。"没有比回答这句话更使伊可高兴的了,她也喊道:"我们见见面吧。"为了言行一致,她就从树林中走出来,想要用臂膊拥抱她千思万想的人。然而他飞也似地逃跑了,一面跑一面说:"不要用手拥抱我!我宁可死,不愿让你占有我。"她只回答了一句:"你占有我!"在被拒绝之后,伊可十分悲伤,从此独自生活在山洞里,并且日益消瘦,最后只剩下了声音。因为纳西索斯总是这样用儿戏的态度对待他人,于是被复仇女神惩罚,只能爱自己,永远得不到他所爱的东西。当纳西索斯来到湖边时,马上爱上了自己湖水中的倒影,在湖边不眠不休,最终憔悴而死。死后变成一株水仙花。

纳西索斯的倒影欺骗了他,使他只看到自己完美出色的一面,却看不到另一面。陶醉于自我到这个地步,便可算得上是自大了,正如对自我的强烈渴望能与抑郁相提并论一样。除了水中的少年,纳西索斯谁都不要。为此,他否定了自己的真实自体,想与美丽的倒影合二为一。这导致了他的自我放弃,也就造成了他的死亡。他的死,可以说是对虚伪自体过分依恋的必然结果。因为让我们充满活力，加强我们存在感，给予我们关键认知的不仅仅是那些美好的、令人愉悦的情感，更多的反而是那些令我们想逃避的讨厌情感，例如无助、羞愧、嫉妒、困惑和悲伤等等。这些情感可以在精神分析的诊室中被体会到，并摆脱它们的原始形态，逐渐成熟。就这点而言，诊室可以算是病人内心世界的一面镜子，它远比"姣好的面容"更加丰富多彩。纳西索斯爱上了自己理想化的形象，但是现实中，不管是自大的人，还是抑郁的人，都不可能真正爱上自己。他们对虚伪自体的狂热使他们不仅无法爱上他人，也无法爱上他们唯一信任的人——自己。

精神分析中的抑郁阶段

自大的人只有在抑郁情绪来袭时，才会寻求分析师的帮助。除非他的亲人（配偶或孩子）因为抑郁和心理障碍必须接受心理治疗，否则只要他自大的防御机制仍然奏效，这种形式的自恋障碍就不会对他造成精神压力。在治疗中，我们遇到过自大伴有抑郁这种情况。而几乎所有自大的病人都表现出了抑郁，他们要么表现出明显的抑郁症状，要么处于抑郁情绪的不同阶段，而这些阶段拥有不同的功能。

信号功能

每位分析师肯定都遇到过这种情况：病人进到诊室的时候不断抱怨自己的抑郁，随后又潸然泪下，但是他走的时候非常轻松，不再感到抑郁了。也许病人刚才体会到了内心积蓄已久的、对于母亲的愤怒，或者表达出了对分析师的不信任，抑或是他第一次为自己没有真正活过的岁月人生感到悲伤，又或者他不得不再次与分析师分开而感到生气。具体是哪一种情感，这并不重要。重要的是，病人能够体会到这些情感了。抑郁表明，病人已经接近了这些情感，但又否定了它们。精神分析给予了这些情感一个突破口，随后抑郁很快消失殆尽。这样的情绪表明，自体中被否定的部分（例如情感、幻想、愿望、恐惧等）逐步增强，不再受到自大的压迫。

"碾压自我"

有些病人在治疗中接近了内心的自我,得到满足和理解之后,就会去参加派对或者其他对此刻的他们来说完全无关紧要的活动,并再次感到孤独和无能为力。几天后,他们又开始抱怨内心空虚,感到自己疏远了自我。其实,病人无意识地主动重复了儿时常常经历的场景:每当他在游戏中感受到一个具有创造力的自我,他就会被父母敦促去做一些"正经事",然后他内心正在形成的世界就会被推翻。似乎病人从小对此的反应就是压抑自己的情感,表现出抑郁的情绪。

"酝酿"强烈的情感

在童年里的强烈情感爆发出来之前,抑郁有所减轻的病人仍要经历一段抑郁期,有时长达数周,就像是抑郁遏制了情感一样。一旦病人成功体会到这些情感,他就会获得关于原始客体的新认识,与他们建立新的联系,也会经常做一些发人深省的梦。病人感觉自己再次充满活力,直到进入新的一段抑郁期。曾有病人这样描述:"我感觉不到自己了。这是怎么回事,我又一次失去自我了吗?我找不到与内心的联系了。一切都毫无指望了……都不会变好了,所有东西都失去了意义。我渴望我以前的活力。"随后,病人的情感可能激烈地爆发,伴随着对分析师的指责。只有当病人宣泄完,一段新的关系才会逐渐清晰,病人才会获得新的活力。

与父母投射的内心形象斗争

在精神分析治疗中,病人开始反抗心中父母提出的要求,例如获得成就等。但他还没有真正摆脱这些要求,所以仍然会陷入片刻的抑郁中。那时,他就又钻进了死胡同,毫无意义地苛求自己。当抑郁情绪出现时,他才会注意到这点。曾有病人这么说:"前天我很开心,我非常轻松地完成了作业。我复习的考试内容比周计划里列的还要多。然后我想,我一定要趁热打铁,晚上再复习一章节的内容。于是我又看了一整晚的书,却没有了任何干劲。第二天的我如同一个白痴,脑袋里记不住任何东西。我也不想见任何人,和以前抑郁的症状一样。然后我回顾了一下,到底是哪个环节出了问题?原来在我想一鼓作气,复习更多内容的时候,我就毁了我的好心情。为什么会这样?我想到了我的母亲经常说:'这件事你做得非常好,你一定也可以把那件事做好。'我有点生气,把书扔到一边。突然间,我相信我会知道自己什么时候有兴致复习。当然事实上我也确实意识到了。但抑郁其实消失得更早——就在我意识到,我又一次'碾压'了自我时。"

内心的监狱和精神分析

似乎每个人都能根据自身的经历认识抑郁情绪，它既可以表现在身心的疾病中，也能隐藏在其中。如果我们稍加注意，就不难发现，当自己的一股冲动或者某种不愿表达出来的情感受到压抑时，抑郁就会规律性地出现，并抑制我们自发的活力。比方说，如果一个成年人失去了一位亲人，却不能好好体会那种悲伤，只有通过分心来使自己忘掉痛苦；又或者他因为害怕友情破裂，而压抑自己对被理想化的朋友所作所为的愤怒，那他可能会患上抑郁，除非他仍然可以利用自大的心理防御。当他开始在精神分析中注意到这一联系时，他便能够从抑郁中"获益"，从中了解到关于自我的事实真相。

而孩子还无法做到这一点。一方面，他还无法看透否定自体的机制；另一方面，由于缺少一个共情的抱持性环境，孩子比成年人更难驾驭自己的情感强度。温尼科特曾把婴儿与精神分析师的情感世界作过对比，这种比较有一定的说服力。二者的共同点除了缺乏结构化之外，还有超乎寻常的情感强度。如此强烈的情感只有在青春期才能再次体会到。

然而，我们往往能够回忆起青春期的伤痛、不解和无处安放的冲动，却很少记起最初的自恋性创伤，因为这种创伤经常藏匿在美好的童年画面之后，或者根本就没有进入我们的记忆之中。这也就解释了为什么成年人很少怀念自己的青春期，而经常向往他们的童年。在庆祝童年熟悉的节日时，很多人会表现出渴望、期待和害怕失望这三种情感的杂糅，其实他们是在寻找童年里无法复刻的情感强度。

但正因为孩子的情感是如此的强烈，所以要压抑这些情感不可能不产生严重的后果。囚犯越是强大，监狱的墙壁就必须越厚实。这也使得孩子以后的情感发展越来越困难，甚至完全受到了阻碍。

如果病人在接受治疗时多次体会到，童年早期情感的突破可以减轻长期的抑郁情绪，那么随着时间的推移，他就会改变自己对于那些不愿表达出来的情感的态度，尤其是痛苦这一情感。他发现，自己没有必要墨守成规，没必要在"失望—压抑痛苦—抑郁"这种模式中循环往复，因为他现在有了新的对付失望的方法，就是体会痛苦。只有这样，他才能从情感上理解从前的经历，认识到藏在深处的自我与命运。有位病人在治疗快结束时这样说："给予我新认识的，不是那些美好而愉快的情感，反倒是那些我一直压抑的情感，那些让我觉得自己卑微、渺小、凶恶、无助、丢脸、苛刻、怀恨、迷茫的情感，尤其是悲伤与孤独。但也正是体会了这些我想回避的情感之后，我才确信，我从心底理解了我人生中某些东西，某些我在任何一本书上都找不到的东西。"

这位病人描述的其实是精神分析中受到启发的过程。在这一过程中，解读扮演着重要角色。分析师的话语既可以起到陪伴、支持和鼓励的作用，也可能南辕北辙，对治疗造成干扰和耽搁，甚至是阻碍，让病人仅仅增长了一些见识，而没有获得启发。自恋障碍的病人非常乐意放弃自己在探索以及自我表达中得到的乐趣，而是让自己迎合分析师的想法，因为他担心失去分析师的关注、理解和共情，这些是他毕生的追求。基于自己在母亲身边的生活经历，他不相信自己根本没有必要这么做。如果他臣服于这种担心，并因此迎合分析师，那治疗中的他展现出来的始终是虚伪自体，真实自体则被藏了起来，得不到发展。所以分析师不可以自私地占有病人，也就是说，他不可以出于自己的需求，把病人应该借助自己的情感去发现的某种关联直接说出来。这一点是相当重要的，否则分析师的所作所为就像是为监狱里的囚犯送去美食。本来这一刻囚犯有机会越狱，虽然他逃出的第一夜可能要面临流离失所、饥肠辘辘的窘境，但至少他是自由的。然而这未知的一步需要巨大的勇气，所以囚犯可能会选择留下，并且用美食与安全的借口来宽慰自己。

知道了获得启发这一过程的脆弱性，并不意味着分析师必须时刻保持沉默、冷漠的态度，而是应该在这一点上小心谨慎。如果分析师尊重病人对于发现的需求，那么病人的强迫性复现症就能在发现自我这方面帮上大忙。这要归功于病人在不断创建新的情境的过程中，首次有意识地体会到从未被回忆起的旧情境，首次认识到自己的悲剧，并加以哀悼。辩证地看哀悼的话，会发现这些体验一方面促进了病人发现自体，另一方面，又以发现自体为基础。

在自恋障碍中，抑郁的反面就是自大。因此，如果心理治疗师懂得与病人分享自己的自大，也就是说，他让病人感到自己成为强大的治疗师的一部分，这样病人的抑郁就会暂时有所减轻。但自恋障碍在病人身上依然存在，而且会在一段时间内表现出另一种症状。要想摆脱自大与抑郁，不经历一些钻心的痛苦是不可能实现的。体会痛苦，放弃自己拥有幸福童年的幻想，可以让抑郁的人重获活力与创造力，可以让自大的人从辛劳中解脱出来，免除他"西西弗斯"（Sisyphus）①般徒劳无益的苦役。如果一个人能够在一个长期的过程中体会到，他小时候从未被当作他自己来爱过，他被爱只是因为他的成就和品质，而为了得到这些爱，他牺牲了自己的童年，那么他的内心就会受大巨大的震撼。但是总有一天，他会觉得自己不想再追求这些爱了。他会在内心感受到活出真实自体的需求，他不必再争取让他到头来一无所有的爱，因为这种爱是给虚伪自体的，而他已经开始放弃自己的虚伪自体了。

摆脱抑郁并不会让病人永远开心、没有痛苦，而是会带给

---

① 西西弗斯是希腊神话中的人物，他触犯众神，受到惩罚。他必须将一块巨石推上山顶，而巨石太沉，每次到达山顶后又滚回山下。西西弗斯要永远地、并且没有任何希望地重复着这个毫无意义的动作。

他活力并体会自己自发的情感的自由。这些情感不总是美好、愉悦的，它揭示全部的人性，包括羡慕、嫉妒、愤怒、贪婪、失望和悲痛等。如果自由的根基在童年就被切断，那么这种自由就无法实现。因此，自恋障碍的人只有不再害怕童年早期强烈的情感世界，才可能找到他的真实自体。当他在治疗中体会到自己的情感世界以后，就不会再觉得它陌生、危险了，也没有必要把它继续隐藏在幻想的狱墙之后了。

关于如何治疗抑郁症这一点，许多建议都具有明显的操纵他人的特征，例如，将病人的攻击性从内心转移到外界。曾有建议指出，心理治疗师应该向病人表明，他的绝望感是不理智的，或者应该让病人意识到他过于敏感。在我看来，这么做无异于强化了病人的虚伪自体和情感上的迎合，甚至让他的抑郁更加严重了。如果我们不想让治疗适得其反，就必须认真对待病人的所有情感。正是病人的敏感、羞愧与自责（病人十分清楚自己的反应过于敏感，也为此自责了太多次），贯穿了治疗的整个过程，即使我们仍然不了解，它们到底与什么有关。这些情感越是不真实，越是与现实格格不入，就越清晰地表明它们是对某种未知情境的回应。假如病人没有体会到这些情感，而是在治疗师的劝阻下不再表现出来，那么未知的情境便不会被发现，抑郁就彻底地占领了病人。

有位 40 岁的病人长期患有抑郁症，也曾想过要自杀。后来借助移情，她终于体会到了很久以前那强烈的爱恨交织的矛盾情感。随后，她并没有感到轻松，反而经历了一段时间的悲痛。这一阶段快结束的时候，她说："这个世界没有改变，我的身边依然充斥着罪恶、卑劣的行径，我甚至比以前看的更加清楚了。尽管如此，我第一次感受到了生活的美好。或许是因为我觉得，我第一次过着自己的生活。这是一次有趣的冒险。我现在更加理解了我自杀的念头，尤其是我年轻时的。那时的我觉得生活完全没有意义，其实是因为我过着一种陌生的生活，一种我完全不想要的生活，我迫切希望把这样的生活抛到一边。"

抑郁的社会面

　　有人可能会问，迎合他人一定会导致抑郁吗？有没有可能那些情感上迎合他人的人也过得很满足呢？当然有可能，尤其是以前这样的例子更多，因为抑郁是一种"现代病"。在与其他价值观相隔离的文化中，例如在正统犹太教的聚居区或者百年前美国南部的黑人家庭中，一个迎合他人的人虽然无法独立自主，没有我们所认为的自我认同感可以给予他依靠，但他获得了群体的支持。成为虔诚的犹太教徒或者忠诚的奴隶，让他们感到在这个世界上有了一点安全感。当然也有例外，比如某些教徒并不满足于此，或者有的奴隶有能力脱身。如今，一个群体想要独善其身，与其他的价值观完全隔离开来，几乎是不可能的。如果一个人不想成为各种利益与意识形态的傀儡，就要从自己身上找到依靠。也就是说，他要认识到自己真正的需求和情感，并有能力把它们表达出来。这对他来说，一方面至关重要，另一方面也相当困难，因为他生活在一个多元价值观的社会中。这也就解释了为什么现代社会患上抑郁症的人越来越多。

有的孩子只会偶尔迎合一下他人的需求，在他们身上潜藏着一股抵制这种行为的力量。大一点的孩子，尤其是处于青春期的孩子，会把这股力量与自己新的价值观结合起来，而他新的价值观常常与父母的背道而驰。他们拥有了全新的理想形象，并试图让自己成为这样的人。但是由于这种尝试并不是在意识到自己的真实需求与情感的基础之上进行的，所以他仍然会像以前迎合父母一样去迎合自己新的理想形象。为了得到理想化的自我形象或者所处群体的爱与认可，他又一次否定了自己的真实自体。然而他所做的这一切对抵抗抑郁毫无益处。他不是真正的自己,不了解也不爱自己。他做这一切只是为了得到客体的爱,正如他小时候迫切渴望得到爱一样。但那时得不到的东西,以后永远都弥补不了。

为了让大家更加直观地理解这样的成长历程,我们来看两个例子。

第一个例子是关于一位生活在父权家庭中的年轻女性。她的母亲对父亲百依百顺。她想从这样的家庭中解脱出来,就嫁给了一个卑躬屈膝的男人。这样看来,她的命运似乎与她母亲的完全不同。她的丈夫甚至容忍她把其他男性带回家中。她不允许自己表现出嫉妒与温柔之情。她想与许多男人交往,但不与他们培养出情感,从而使自己感到像男人一样独立自主。她过分追求"进步",甚至允许她的朋友虐待和侮辱自己,同时她压抑自己的委屈与愤怒感,只因为她相信,这样能显得自己前卫、思想开放。但其实她在这些关系之中,仍然表现出了童年的顺从，和母亲别无二致。所以，她有时会陷入严重的抑郁之中。

第二个例子讲的是一位出身于非洲家庭的男性病人。他在母亲身边长大，父亲在他很小的时候就去世了。母亲严格遵循着某些传统习俗，决不让孩子感受到他的自恋需求，更谈不上把它们表达出来了。直到儿子进入青春期之前，母亲都会定期抚摸儿子的生殖器，据说这么做是遵循医嘱。长大后，儿子离开了母亲和她的世界，娶了一位迷人的欧洲女性，她有着截然不同的生活圈子。婚后，他的妻子不断折磨、贬低他，使他感到不安。他虽然无法忍受，却又不离开她。这到底是一种巧合，还是应该归结于他的命运呢？这个虐恋的例子和上一个例子一样，都是想要借助其他圈子里的人跳出父母的社交圈。这位病人虽然摆脱了青春期时候的母亲，但是只要他仍旧体会不到儿时的情感，他就会一直受制于俄狄浦斯期的母亲形象，而他的妻子正好充当了这一角色。在治疗中，他成功体会到了爱恨交织的矛盾情感。他满怀痛苦地意识到，他儿时是何等钦佩母亲，同时又感到自己束手无策被母亲利用，他是多么爱她又多么恨她，他只能任凭母亲摆布。在接受四年的精神分析治疗之后，病人才体会到这些情感。随后，他不再依赖妻子的变态行为，二人离婚了。但同时他也能够更加现实地看待妻子，能够看到她身上积极的一面。

与其他一些抑郁症理论的共同点

如果我们把抑郁理解为放弃真实自体以维系客体,那么从这个角度来看,我们就能找出一些有关抑郁症的重要理论的主要概念:

1. 考虑到弗洛伊德在《哀伤与抑郁》(*Trauer und Melancholie*)一文中使用"自我"(Ich)一词来表达我们今天所说的"自体"(Selbst)的意思,他提出的"自我匮乏感"(Ichverarmung)这一因素当然应该包括在内,而且是一个非常重要的概念。

2. 德国精神病学家卡尔·亚伯拉罕（Karl Abraham）所描述的自我攻击行为也与丧失自我的概念密切相关。"扼杀"原始客体不欢迎的情感、需求和幻想就是一种针对自己的攻击性行为。受到抑郁症患者"杀害"的情感不仅仅是那些攻击性的情感冲动，而是会根据他们童年的具体情况有所不同。

3. 乔佛和桑德勒（W. Joffe and J. Sandler）把抑郁定义为对痛苦的反应之一，这种痛苦是由现实的与理想的自体之间的差距造成的。两者一致，就会带来幸福感。用客体关系理论的话说就是，理想的自体是原始客体的继承人。得到它的赞同与爱就能保证幸福，而与它存在差距则会带来失去爱的风险。如果敢于挑战这种痛苦，敢于体会它，就不会患上抑郁。为此，一种抱持性的环境是不可或缺的。

4. 德国精神分析学家爱蒂·贾克生（Edith Jacobson）认为，当失去理想客体这一事实被否定时，抑郁症发展的条件就形成了。"失去"在此不仅仅是指与自体客体在现实中的分离，还指不能支配自体客体所带来的失望，这种失望不是阶段性特有的。

自恋障碍的人缺少一个在共生阶段可供支配的自体客体，也没有一个"可用的"客体，也就是温尼科特认为的"可以在自己的解体中存活下来"的客体。不管是自大的人，还是抑郁的人都完全否认这一事实，就好像他们仍然能够支配一个自体客体一样。自大的人沉浸在成功的喜悦中，而抑郁的人则生活在失去自体客体的恐惧之中。二者都不承认，失去或者没有自体客体都是过去早已发生的事，木已成舟，任何努力都不可能改变这一事实。

第三章 THREE 关于鄙视

鄙视是弱者的武器，也是对自己某些不受欢迎的情感的防御。成年人或多或少会有意识地、克制不住地、潜移默化地对孩子施加权力，这种权力施加是所有鄙视与歧视的根源。这种行为是被社会容忍的，当然杀害孩子或者严重虐待孩子除外。如果我们意识不到孩子的苦痛，那么成人主宰孩子就会成为人类社会的常态，没有人会重视并认真对待此事，这件事会完全被当作是无所谓的，因为他们"只是孩子"。但是二十年后，孩子长大成人，他们不得不在自己的孩子身上进行报复。他们或许会花大力气同世界上的暴行做斗争，却无法认识到自己内心埋藏着过去被施暴的经历，因为这些经历藏在了理想化的美好童年之后。

难道上帝不会找到一条出路，拥有一种优越感，使出一个诡计？就像成年人和强者总能在最后关头打出一张王牌，来羞辱我们，轻视我们，在友善的假面下让我们难堪？

——摘自赫尔曼·黑塞（Hermann Hesse）

《童心》（*Kinderseele*）

贬低孩子，鄙视弱者以及它们如何继续进行

有次休假的时候，我的脑海中一直盘旋着有关"鄙视"这个主题的一些想法，我也阅读了很多在以往的治疗当中做的关于这一主题的笔记。可能是因为我过于敏感，对于一个平淡无奇、时常发生的场景，我有着比以往更加深刻的体会。接下来我会描述一下这个场景，并阐述我的一些思考，因为借助该场景，我能够非常直观地解释我在工作中获得的认识。

有一次散步的时候，一对年轻的夫妻走在我前面，两人个子都很高。他们身边有个两岁左右的小男孩儿，一边走一边哭哭啼啼。（我们已经习惯从大人的角度去看待这一情景，在此，我想从孩子的感受出发来谈一谈。）两个大人刚从售货亭买了支冰棍，正津津有味地吃着。这个小孩也想要一支。他妈妈温柔地说："过来，你可以咬一口我的，但是吃一整支冰棍对你来说太凉了。"他不想只吃一口，就把手伸向了妈妈的冰棍，但是妈妈把冰棍抽了回来。他失望地哭了，然后他爸爸也做了同样的事。"过来，宝贝，"爸爸说，"你可以咬一口我的。""我不要，我不要。"孩子边喊边往前跑，想转移自己的注意力。但他又时不时回来，抬头看着两个大人享用美味的冰棍，心里既嫉妒又悲伤。大人一再地把冰棍放到孩子面前，想让他咬一口，孩子每次都想把它从大人手中夺过来，而大人每次都把冰棍当个宝贝一样收回来。孩子越是哭闹，父母就越觉得有趣。他们放声大笑，并希望笑声也能逗乐孩子。他们对孩子说："你看你，有什么要紧的呢，你干吗要这么大吵大闹。"孩子坐到了地上，背对着父母，捡起地上的小石子扔向背后的妈妈。随后，他突然站起来，不安地看看周围，确认父母还在身边。当爸爸把冰棍吃得一点儿不剩后，他把小木棒给了儿子，自己继续散步。小男孩满怀期待地去舔木棒，看了看，把它扔掉了，他又想捡起来，但是没有捡。他流下了伤心、孤独、失落的泪水，小小的身体都颤抖起来。最后，他乖乖地跟着父母走了。

在我看来，很明显，小男孩感到沮丧不是因为他没有吃到冰棍，因为父母允许他咬一口。他沮丧、委屈的是，自己的自恋需求没有得到满足，他想要和别人一样手里有一支冰棍的愿望没有得到理解。这个愿望甚至被嘲笑了，父母竟然拿他的需求取乐。父母双方互相支持，为他们一致的做法感到骄傲。面对这两个巨人，孩子势单力薄，十分伤心，他除了说不，也没有其他办法了。他无法借助曾经很管用的手势让父母明白自己的想法。他没有"辩护人"。①

为什么这对父母的行为如此无情？为什么他们不会想到自己吃快一点，或者干脆扔掉半块，然后把剩下的冰棍给孩子？为什么这两个人要笑着站在那儿，慢慢地吃着冰棍，对孩子明显的失落感无动于衷？他们不是恶毒冷漠的父母，那位父亲与孩子讲话时非常温柔。尽管如此，他们的表现说明了他们缺乏共情，至少在这一刻是这样。要解开这个谜团，我们只有把这对父母当成是没有安全感的小孩。他们终于拥有了一个更加弱小的人，在他的身边，父母会感觉自己更加强大。哪个孩子没有经历过别人取笑自己的害怕？别人还要对他说："你根本没必要怕这个。"孩子会因此而感到羞愧，并觉得自己受到了鄙视，因为他没能正确估计危险程度。下一次，孩子会把这样的情感传递给比他更小的孩子。这样的经历形形色色，其中的共

---

① 在这个场景中还有件非常不公平的事，就是孩子必须面对两个强大的成年人，如同面对一堵墙。要保持所谓的"教育中的一致性"，就不能允许孩子当着父母中一方的面，抱怨另一方。

同之处是，弱小与无助的孩子表现出来的害怕，给了成年人强大感，也给了他们机会去操控别人的恐惧，然而他们无法控制自己的恐惧。

毋庸置疑，这个小男孩在二十年后，或者更早一点，与弟弟妹妹在一起时，会把吃冰棍这一幕重新上演。但他成了那个吃冰棍的人，而另一个人则扮演起无助、嫉妒、弱小的角色。现在，他终于不必再担任这一角色，而是可以将它从自己身上分裂出去。

对弱小者的鄙视是避免自己无助感爆发的最好办法，也是软弱的表现。那些体会过无助，所以了解这种感觉的强者，根本不需要借助鄙视弱者来展现他的强大。

有些大人甚至在他的孩子身上才第一次体会到俄狄浦斯期的无助、嫉妒和孤独感，因为他自己小时候没有机会去有意识地体会这些情感。在第一章的"如果我又坏又丑，你们还会爱我吗"内容里,我曾提到过一位病人,他强迫性地想要征服女性,引诱她们,然后再离开她们。直到在精神分析中,他体会到小时候多次被母亲抛弃,他才停止这种行为。现在,他回忆起小时候因为不敢一个人睡而被父母嘲笑的经历。治疗中,他第一次体会到了当时的屈辱与羞耻感。

如果我们把没有体会到的俄狄浦斯期的痛苦转移到自己孩子身上,那么我们就能摆脱这些痛苦了。就像上文吃冰棍的场景中那样,父母对孩子说:"你看,我们是大人,我们可以吃,但对你来说太凉了。等到你长大了,你就能像我们一样自在地享受冰棍了。"在俄狄浦斯阶段,使孩子感到受辱的,并不是欲望没有被满足,而是别人对他本能欲望的鄙视。如果父母通过彰显他们的大人身份,在孩子身上无意识地报复自己的委屈,孩子就会更加痛苦。在孩子充满好奇的眼中,父母看到了自己受辱的过去,他们不得不用现在获得的力量去抵抗它。

在很多社会中,小女孩会受到性别歧视。但由于女性拥有左右新生儿的权力，所以她们会把以前受到的鄙视统统转移到自己年幼的孩子身上。等到儿子成年后，他会理想化自己的母亲，因为每个人都依赖那种真正被爱的幻想。他也会鄙视其他女性，借此来报复自己的母亲。另一方面，被鄙视的成年女性除了在自己孩子身上宣泄负面情绪之外，别无他法。她们可以悄无声息地做这一切，且不会受到任何惩罚。孩子无处诉说，除了以后可能用变态行为或强迫症这样的方式表达。但是这样的表达语言是加密的，根本不可能出卖母亲。

鄙视是弱者的武器，也是对自己某些不受欢迎的情感的防御。成年人或多或少会有意识地、克制不住地、潜移默化地对孩子施加权力，这种权力施加是所有鄙视与歧视的根源。这种行为是被社会容忍的，当然杀害孩子或者严重虐待孩子除外。成年人如何对待孩子的心灵，完全是他自己的事。孩子是他的所有物，正如专制国家的人民属于政府所有。如果我们意识不到孩子的苦痛，那么成人主宰孩子就会成为人类社会的常态，没有人会重视并认真对待此事，这件事会完全被当作是无所谓的，因为他们"只是孩子"。但是二十年后，孩子长大成人，他们不得不在自己的孩子身上进行报复。他们或许会花大力气同世界上的暴行做斗争，却无法认识到自己内心埋藏着过去被施暴的经历，因为这些经历藏在了理想化的美好童年之后。

值得期待的是，代代相传的顽固歧视或许可以通过提高情感方面的意识来减轻，尤其是那些细微的情感。

扇别人耳光、打人或者故意侮辱别人的那些人知道，他们的行为对别人造成了伤害。然而我们的父母以及我们自己却经常不知道，我们对孩子正在萌芽的自我造成了多么痛苦、深刻、持久的伤害。

如果孩子意识到了这一点并且敢于告诉我们，那真是万幸。因为这样的话，他就可以卸下由权力、歧视与鄙视锻造的枷锁。如果他能够有意识地体会到自己早期的无助感与自恋性的愤怒感，那他就不必再借助鄙视他人来抵抗自己的无助感。

然而多数情况下，人们并不知晓自己童年的痛苦，这些痛苦也因此构成了鄙视下一代人的隐藏源头。这时，人们会运用许多防御机制，例如，否定（比如否定自己的痛苦）、合理化（"我有责任教育我的孩子"）、转移（"伤我心的人，不是父亲，而是我的儿子"）、理想化（"父亲打我是为我好"）等，其中最主要的机制是将被动承受转化为主动出击。下面的例子向我们展现了，虽然人与人之间的人格结构与受教育程度存在天差地别，但是在抵制自己的童年命运这方面，他们表现出了惊人的一致。

一位三十岁左右的希腊人是农民家庭出身，他在西欧开了一家小饭店。他颇为自豪地说，他不喝酒，这要归功于他的父亲。他15岁时曾经有一次喝得酩酊大醉回家，父亲狠狠地揍了他一顿，以至于他一周都不能动弹。此后，他就对酒感到反感，虽然他的工作要每天与酒打交道，但是他滴酒不沾。当我听说他快要结婚的时候，我问他是不是也会打他的孩子。"当然，"他回答道，"棍棒底下出孝子。这是为自己获得尊重的最佳途径。我父亲在场的时候，就算他抽烟，我也不会抽，这就是我对他尊重的体现。"这个男人给人的印象既不笨，也不讨人厌，他只是没怎么接受过教育。因此，我们可能会幻想，教育可以阻挡精神毁灭的过程。

接下的事例是关于一个受过良好教育的人，我们的幻想能否在这个例子中被证实呢？

一位才华横溢的捷克作家曾在当时西德的一个城市朗读自己的作品。当他坦诚地回答了一个关于生活上的问题时，台下的听众议论纷纷。尽管他当初致力于"布拉格之春"① 运动，但他现在仍然享有很大的自由空间，也能够经常出入西德。接着，他讲述了他的国家近年来的发展。谈到童年，他激动得两眼放光，并提到了自己天赋异禀、博学多才的父亲。据他说，父亲在精神上支持他，是他真正的朋友，他只向父亲展示他的

---

① "布拉格之春"是 1968 年 1 月 5 日开始的捷克斯洛伐克国内的一场政治民主化运动。

作品初稿。父亲为儿子感到十分骄傲,即使他经常因为儿子犯错而打他,他依然为儿子没有哭感到自豪。如果儿子哭了,只会挨更多的打。因此,孩子学会了忍住眼泪,并为自己能够用自己的勇敢给他崇拜的父亲献上一份这么大的"礼物"而感到骄傲。他谈到自己挨打的经历时,就好像在讲述这世界上再正常不过的事(对他来说也的确如此)。随后,他说:"挨父亲的打,并没有伤害到我,反而让我为生活做好了准备,使我坚强,教会我咬牙坚持。因此,我才能取得今天的成就。"

与这位捷克作家不同的是,瑞士电影导演英格玛·伯格曼(Ingmar Bergman)在一期电视节目中谈到自己的童年时,显得非常清醒。据他所说,他的童年就是一个关于屈辱的故事。受辱是他受教育的主要方式。例如,当他把裤子尿湿了,他就必须一整天都穿一件红裙子,这样所有人都能看见,他也会感到难为情。伯格曼是一位新教牧师的小儿子,他还有一个哥哥。在电视采访中,他描述了一个童年时经常发生的场景:父亲经常抽打哥哥背部,母亲就用药棉把哥哥背上的血迹擦干净。而他则坐在一旁，注视着这一切。伯格曼在讲述这一场景时，没有表现出任何激动的情绪，几乎是冷漠的。大家仿佛看到了那个呆坐在一旁看着哥哥挨打的小孩。他当时肯定没有逃走，也没有把眼睛闭上，或者大喊大叫。这个场景虽然是真实发生了的，但同时，他通过回忆这件事情，掩盖了发生在自己身上的相同遭遇的记忆。因为难以想象，他的父亲只会打他哥哥一人。

有时候，接受精神分析治疗的病人会深信，只有他们的兄弟姐妹才受到了羞辱。只有接受多年的治疗，他们才能带着愤怒感与无助感，回忆起并感受到被自己深爱的父亲打的时候，他们受到了多大的屈辱，是多么的孤独。

但是除了运用转移与否定的防御机制之外，伯格曼还有一种办法来应对自己的痛苦——拍电影。可以想象，我们作为观众，在电影院里感受到了伯格曼身为这样一位父亲的儿子所无法体会到的、保存在心底的情感。坐在银幕前，我们就像当时那个小男孩一样，直面着"我们的哥哥"遭受的暴力，并且我们觉得自己无法、也不愿以真情实感去接受这一切残酷的行径，于是我们抵制它。后来，伯格曼很惋惜地表示，虽然他在纳粹时期经常去德国，但他直到1945年都没能认清纳粹主义。在我看来，这是他的童年经历所造成的后果。暴力行为对他来说，就像是从小呼吸着的空气，又怎么会引起他的注意呢？

我为什么要列举这三个挨打的人的例子呢？这些难道不是极端情况吗？我是要研究挨打造成的后果吗？不，当然不是。或许我们会认为，这些都是极端案例，这些事只发生在国外，因为例子里的这三个人都不是德国人。然而我选择这些例子，一部分是因为我不必对此保密，它们早已为人所知了。更主要的原因是，我想借此说明，即使是最严重的虐待行为，也会由于孩子对童年的理想化而被掩盖住。法院等机构不会管这些事，一切都会埋藏在过去的黑暗之中。就算某天事实败露了，父母也会说："我们是为了你好。"就连身体虐待这种最极端的例子都如此，像精神折磨这样不容易被发觉、存在争议的事情就更难察觉了。谁会真的在乎吃冰棍的例子中出现的难以看透的歧视呢？

这样的过程模式不是元心理学①的研究领域。该理论研究占有过程、内心活动规律、自体表象与客体表象，但不关注那些最多被视为病人幻想的事实。它的研究领域是经历的意义，而非经历的真实背景。但我们研究父母，我们会感受到他们对自己孩子的情感，了解他们的自恋需求，也必须思考，这些会对孩子的发展造成什么后果。我们要用这些认知做什么？我们可以隐瞒它吗？对于"分析师的任务就是看到内心的关联"这样的观点，我们要睁一只眼，闭一只眼吗？似乎在弗洛伊德猜想"被诱奸就是女病人的愿望幻想"之后，我们就不敢进一步迈出通往童年现实的步伐了。因为病人十分乐意在我们面前，甚至在自己面前隐藏他的实际情况，所以我们有时很长一段时间都得陪他待在他的黑暗当中。但是病人不会停止用症状作为

---

① 元心理学（metapsychology）指以心理学的对象为研究内容的理论或学说。

语言讲述他的一些实际情况。

当然，发生在孩子身上的真实的诱骗并不像弗洛伊德歇斯底里的病人幻想的那般。尽管如此，父母对孩子的自恋性占有还是会导致一系列的性误导或者非性误导，等到孩子成年后，甚至为人父母的时候，他们才会在精神分析治疗中艰难地发现这些。

在压抑本能欲望的环境中长大的一位父亲，可能会在婚姻中、在性关系上，表现得很拘谨，甚至可能存在性变态行为。例如，他可能在给女儿洗澡的时候，才敢第一次仔细观察女性的生殖器，并玩弄它来感受刺激。一位年幼时因为无意中看到勃起的男性生殖器而受到惊吓的母亲，会对男性生殖器产生恐惧，或者把它当成是暴力的象征，她找不到可以倾诉的人。这样一位母亲只有在她幼小的儿子身边时，才能掌控她的恐惧。比如说，她可能会在给孩子洗完澡擦干身子的时候，故意让孩子勃起，这对她来说不具危险性。她也可能会以"清理包皮"

为借口抚摸儿子的生殖器,直到他进入青春期。在孩子对母亲无可争议的爱的保护下,母亲可以在孩子身上继续她小时候已经中断的性探索。

当孩子被性压抑的父母自私地利用时,这对孩子来说意味着什么?每个孩子都在寻求父母亲切的抚摸,如果得到了,他会很幸福。但同时,如果孩子的内心激起了与所处成长阶段不相符的愿望,他就会感到不安。如果他的自慰行为被父母禁止或者鄙视,这种不安的感觉会更加强烈。

除了性压迫之外,还有其他形式的对孩子的压迫,例如灌输洗脑式教育,这种做法既是"反权威教育"[①],也是"好教育"的基础。这两种教育模式都会压抑孩子在每一个成长阶段的真实需求。一旦孩子被视为我们达到某一目标

---

① "反权威教育"是20世纪60年代到70年代兴起于德国的一类教育理念的通称,其理想是促进孩子的自主性,崇尚自由、权利、解放孩子的"性"。(译者注)

的所有物，一旦我们强行控制了他，那他就无法再充满活力地成长。

先切断孩子活力的根源，然后再试着以人工的方式去代替自然的功能，这是我们理所当然的教育方式。例如，我们会压制孩子的好奇心（"有些问题不该问"），等到孩子以后缺乏自发的学习动力，我们又给他报辅导班来解决学习上的困难。瘾君子的行为也是类似的例子，客体关系早已内化在他们的心中。那些从小就不得不压抑自己强烈情感的人，经常会借助毒品或者酒精——至少是短时间内——来让自己重新产生强烈的感受。

为了能够避免无意识地压迫或者鄙视孩子，我们必须首先有意识地觉知到这些行为。只有对那些微妙的、难以看透的羞辱孩子的行为保持敏感，我们才能培养出对孩子的尊重，这也是孩子从出生后的第一天起就需要的东西。要达到这种敏感有很多种方法，例如观察一些陌生的孩子，设身处地地为他们着想，或者对自己的命运产生共情。对于分析师来说，我们可以和病人一起回顾他的过去，并且相信，他的情感会向我们讲述一个无人知晓的真实故事。

心理分析所反映的鄙视投射

强迫症中自体表达的破碎

如果我们不局限于只启发患者的认知层面或者是增强他的防御机制（在某些心理治疗中这是非常重要的），那么我们必然就会和每一个患者共同踏上一段新的发现之旅。发现的不是一座偏远的大陆，而是一座从没有存在过的大陆。在发现以及占据的过程中，它才开始存在。陪伴患者走过这段旅程，是一种迷人的经历，只要我们没有先入为主地用已知的概念去对这块大陆进行殖民。我们总是对未知怀有恐惧，倾向于绕过不理解的东西。患者通过体验自己的感觉和需要来逐步发现他真正的自体。在这个过程中，分析师也需要接受和尊重患者的这些感受，即便分析师还没有真正理解它们。

在上课或者单独对话中，我有时会被问到这样一个问题：分析师应该如何对待由患者偶尔引起的愤怒？一个敏感的分析师当然能够感受到这种愤怒。问题是，为了不拒绝患者，他应该压制自己的愤怒吗？但是这样的话，患者还是能够感受到被压抑的愤怒，但是又不能明确理解，所以就会困惑。那么分析师应该说出自己的愤怒吗？这种行为会让患者觉得受伤，失去安全感。我发现，如果我不以建议的形式来回答这样的问题，和同事的这种对话就会发展得更深、更私人。如果人们确立一个前提，即患者在分析师那里唤起的所有的感情，都是患者一种潜意识的尝试。患者潜意识中想要通过这种方式告诉分析师他的故事，但是同时又要隐藏它们，因为要保护自己免受新的无意识的操纵。知道这点之后，那个关于如何处理由患者引起的愤怒以及其他感情的问题，就不言自明了。我认为患者除了他目前采用的方法之外，完全没有其他的方法来告诉我他的故事。所以在我那里出现的所有感觉，包括愤怒在内，都是患者加密的语言，是具有极大的心理价值的。有的时候，它们可以帮助找到失落的钥匙，去打开处于黑暗中的门。

在专业文献当中，曾经出现过这样的一个讨论：人们怎么能确定反移情不是分析师的移情表达呢？如果分析师能够自由地与自己的童年进行情感连接，那他就能轻易区分反移情和自己孩童时的感觉（也就是自己的移情）。反移情的感觉就像一个闪光、一个信号，它显然是跟被分析者有关的。如果那些感觉十分强烈、痛苦、持续，那么它就和自体有关。反移情要么是患者从前的原始客体（无意识地拒绝成为分析师的患者）的信号，要么是患者把孩童时没有体会过的分裂的感觉，在治疗过程中派送给了分析师。

人们可以表现他们不知道的故事吗？看起来是不可能的，但实际上这发生在每个心理分析中。为了能把故事场景化并且理解它，患者需要将治疗变为他发展移情的场地。他需要一个人，这个人不依赖他，对他没有任何要求，允许他如他所是，但同时又随时开放自己，接受被赋予的任何角色，并且持续扮演这个角色，只要这对分析是必要的。

这样一种分析对强迫症是极为重要的。关于强迫症的消极面已经有过很多讨论。它一直将那忘却的创伤场景化，那可怕的倾向有时候隐含了一些惊悚的、自毁的东西，让人联想到死本能。但是强迫症也有积极的一面。它是哑孩子的语言，是表达的唯一可能性。哑孩子想要被理解就需要一个特别的移情对象。另一方面，这种语言很有可能不是为真正的感情和思想的表达服务，但却是为了将其隐藏、模糊和否定，也就是说它是为虚假自体服务。因此我们有时要花费大量的时间和工作来处理患者的强迫症，因为它是真自体的唯一的显现方式。它是移情的基础，也是患者整个互动域的场景化。而在文献中，这种互动却被称为伤害，有时不被信任。

让我们举个例子。在很多分析中，刚开始的几周或者几个月，患者会产生想要一个孩子的愿望。这种愿望早就被与俄狄浦斯情结联系起来。有的时候这也正确。但是患者的联想却经常明确地揭露愿望背后的自恋情结。

在病人那里即是说："我想拥有一个人，我能完全占有他，利用他（母亲离开了我）。他不是一周给我四小时，而是一直在我身边。我现在什么都不是，但是如果我当了父亲或者母亲的话，那我大概就是一个对别人更重要的人了。"或者也可以这么说："我想把我曾经缺失的东西都给我的孩子。我的孩子可以自由发展，不需要否定自己。我想把这样的机会给他。"

第二种说法看起来非常偏"客体关系"。如果真是这样，患者可以给自己实现愿望的时间。在心理治疗快结束的时候，患者也可能有足够的收获，以至于有能力去赠送。但是如果想要孩子的愿望在治疗初期就显得急不可待，呈现出一种焦灼，那么这就是自身需求的一种表达而已。

在这里我们把不同的方面总结一下：

1. 想要一个在场的母亲。（因为从来没有体验过好的共生关系，自己的孩子就成了一个新的机会，来创造共生关系。）
2. 希望生出自己的生命活力。（孩子被当作患者真实自体的象征。）
3. 潜意识中借助强迫症来表达自己的童年命运（孩子作为"兄弟姐妹—竞争"和"希望的放弃"）：兄弟姐妹的出生加剧了自体的丧失，而当自己的孩子出生时，病人（暂时）放弃实现自己的自体。

把这种复杂地想要孩子的愿望解释为"表演"，大多数时候没什么成果。因为这时候强迫症还非常严重。分析师被认作总是发号禁止的母亲，人们总是想要反抗她。但是强迫症这种自毁的方式是唯一的表达的可能性，因为患者还没有脱离投射的控制。因此分析师需要注意，患者是如何赋予一个新人生命的。看起来患者这样做是为了摧毁自己的机会，但是同时，他的所作所为也是为了去发现他早期的没有充分体验过的人生。现在他可以有意识地带着醒来的感觉去体验了。就像孩子用玩偶来展现他的家庭，患者潜意识中用他新出生的孩子来展开他自己命运的悲剧。

这就是强迫症的双重作用。患者感到：这一次也是第一次，所有的事情都是围绕着他的，因此他的自体出生了。这样的期望表现为想要生一个孩子的愿望，期望通过他人实现。患者不是变成曾经的婴儿，而是去照顾一个现实的、当下的婴儿。这个新生儿就代表了他自身儿童时期的自体。在某种程度上，患者认为这个婴儿就是自己，或者他逐渐发现自己竟然跟自己的父母很像。不管怎样，患者就此跟这个婴儿一起，带着感情逐步发现被隔离的童年历史。

即便不进行分析，强迫症也或多或少地活跃着。比如，伴侣身上总是带着原始客体的特征，这一点已经众所周知。但是在精神分析中，这种强迫倾向加强了。因为那种场景化将分析师裹挟进去，而分析师可以找到一个解答。这种借助额外移情对象的绕路经常是不可避免的，因为一旦矛盾的感情来了，害怕丧失客体的恐惧就会大到无法承受。必须区分开"母亲作为环境"和"母亲作为客体"。患者最早的经验便是，对于客体的不满和失望不能展示给同一个客体，因为这可能导致爱母慈父把爱收回去。虽然在治疗过程中肯定会有这样的时刻到来，患者承受住了那种风险，但是分析师往往要在很长的一段时间内充当陪伴者，使患者早已忘却关于原始客体的经历复苏，以类似实验的方式，在额外移情的对象身上重现。

患者重拾感受的能力，原来长久受到压抑的旧需求和愿望被解放。但是它们还不能被无条件地满足，满足的过程往往伴随着自我惩罚。或者它们在现实中压根就不能被满足，因为时光一去不复返了。那种迫切地想要孩子的愿望，或者说想要"当一位可被利用的母亲"的愿望,清楚地表达了后一种情况。

但是在分析中,患有自恋障碍的人也时常产生一些愿望,它们完全可以也应该在当下被满足,比如每个人想要自由表达自我的核心愿望。也就是说每个人都可以如他所是地走出来,用真实的语言、姿态、行为表达自己。从婴儿的哭喊到艺术家的杰作,无不是表达的手段。

有些人在小时候必须将真实的自体在他人、他自己面前隐藏起来。他在第一次走出来时,会感到极大的恐惧。但正是这些人迫切地感到,他们必须借助分析的力量打破那些陈旧限制。第一步带来的并不是自由,而是一种强迫症,患者不断重复童年景象,也就是说他不断重复体验羞耻带来的痛苦、暴露带来的疼痛,这是伴随着"自我表达"产生的。带着一种梦游似的确定,患者总是会准确找出那些像他的父母一样,完全不可能理解他的人(即便是出于其他一些原因)。患者就是强迫症似的试图让那些人理解自己，也就是要把不可能变得可能。

一个年轻的女人在精神分析的某个阶段，爱上了一位年长、聪明、情感细腻的男人。除了性爱，这位男士抗拒任何他不能从理性上理解的事情，包括精神分析在内。但恰恰是他收到了那位女士的长信，信中患者尝试向他解释，她目前通过精神分析有哪些收获。她成功地对他发出的疏离信号视而不见，而是做出双倍的努力，直到最后才发现自己又找了父亲的替代者，因此不能放弃自己终究能够被理解的一线希望。清醒的过程带来了让人痛苦的撕咬般的羞耻感，而且这种羞耻感还会持续较长时间。有一天，患者在精神分析期间体会到了这种感觉，说道："我真是太好笑了，就像对着墙说话，然后等它给我回应一样，真像个傻孩子。"我问："如果您看到一个孩子只能对着墙诉说他的烦恼，因为除此之外没有其他人在，您会大笑吗？"跟随我的提问而来的，是绝望的抽泣。患者打开了通往她早期经历的入口，那里是无尽的孤独。哭泣也将她从强迫症那种痛苦的、毁灭性的羞耻感中解放出来。第二天，患者带来了她在夜里写的第一首诗。

很久以后，她终于可以不再借助额外的移情对象，而是把我当作墙，对我倾诉。这位女士本来具有很好的表达能力，但是有一段时间她的话语却很奇怪地颠三倒四、匆忙混乱，以至于我根本没有办法完全理解她，也许就像她的父母不能理解她的情形一样。她在某些时刻感受到一种突如其来的厌恶和自恋愤怒，还指责我冷漠，缺乏理解力。尽管我始终如一，但患者就好像不认识我了一样。这时，她在我这里找到了自己的童年。孩子不能理解，为什么母亲能做美味的饭菜，关心他的咳嗽，满怀爱意地帮助他完成作业，但是某些情况下，却完全无法体会到他的隐藏的内心世界，就像一堵墙一样。在对我进行激烈的指责之后，患者的强迫症终于好转了。她以前总是倾向于寻找一个无法理解她的对象，或是自己构建一个这样的对象，然后去体验那种毫无希望的依附感。这种折磨人的关系的迷人之处就在于，患者能够不断重复童年时对父母的失望。

变态和强迫症中的鄙视的永久化

如果我们的前提是这样的，即一个人情感的整体发展（以及在此基础上建立的自恋平衡）取决于他母亲在最初的那些日子里对他的需求和情感的感受方式，那么我们也必须假设，情感和本能冲动的高价值在这里被确立。如果一个母亲不能履行镜映功能，不为孩子的存在本身而感到高兴，而是十分依赖于某种特定的存在状态，那么第一次选择就产生了："好的"和"坏的"，"美的"和"丑的"，"正确的"和"错误的"，它们被区分开，而且这种区分被孩子内化。在这样的背景下，父母各种各样的价值判断被进一步投射在孩子心中。

因为每个母亲心中都有一个"道具屋"，也许每个婴儿都会知道他们身上有些东西是母亲不需要的。比如，人们通常期待孩子能够尽快学会控制肢体，在意识层面来说是为了在社会中不发生冲撞；在无意识层面来说，其实是为了不动摇父母的反射机制，因为父母自己在童年期肯定害怕在社会中发生冲撞。

作家赫尔曼·黑塞的母亲玛丽，无疑是一位感知细腻的女人，她在日记里描写了她的意志是如何在四年中被阻抗的。当黑塞四岁时，她为他的顽固烦恼不已，在与儿子的斗争中只有一半的情况能取得胜利。黑塞在15岁的时候，被送到斯特滕一个收治精神障碍者和癫痫病人的疗养院去，为了"能够彻底治好他的顽固症"。黑塞从斯特滕给他的父母写了一封让人震动的、充满愤怒的信："如果我是一名虔信徒，而不是一个人类的话，那我也许有希望得到你们的理解。"但他只有在"好转"之后，才有希望出院，于是这个年轻人就"改善了自己"。在后来一首献给父母的诗中，否认和理想化被创作出来：他为用"自己的方式"让他的父母的生活如此艰辛而感到抱歉。因为没有满足父母的期望而产生的负罪感，这种让人压抑的感情很多人背负终生。从理智上看，满足父母自恋的需求当然不可能是孩子的任务，但是感情要比理智更强大。没有哪种论述能够对抗这种负罪感，因为它的源头在生命的最初阶段，在那里，获得了极大的强度和顽固性。

最大的自恋伤口便是，人们没有如自己所是地被爱。而没有哀悼的话，这个伤口也不可能痊愈。它要么（或多或少地）被抵御（比如像自大症和抑郁症那样），要么就在强迫重复中不断地撕开伤口。后一种情况，我们可以在强迫症和变态症那里遇到。被母亲（或者父亲）所鄙视的行为被投射到心中。孩子一些自然的反应，比如自慰、寻找和发现自己的身体、口欲、尿床、排粪、触碰玩耍自己的排泄物、产生好奇心、在失望和被拒绝时产生愤怒，所有这些都会在母亲那里引发震惊、陌生、厌烦、恶心、愤怒、恐惧和慌乱。这些经历在后来都被与母亲那震惊的眼神绑定在一起，这些可以很清楚地通过别的方式表现出来。

在向分析师讲述他目前为止私下里进行的性满足或者自慰满足时，病人能够承受住伴随的痛苦。他当然也可以毫无感情地讲述，只是纯粹地给出信息，就好像在谈论陌生人一样。但是这样的讲述不能帮助他穿过孤独，也不能带领他通向童年现实。只有当他被要求，在分析中不要压抑羞耻感和害怕，而是让这些感觉进来，体验它们，他才觉知到童年发生的事情。那些举动虽然无害，但他感到自己是坏的、脏的或者是被摧毁的。他自己也感到惊奇，那些被驱逐的羞耻感竟然能持续那么长时间，在如此长的时间内依然占据一席之地，即便他后来对性的态度是宽容的、进步的。这样的经历告诉患者，他通过分裂自己来适应别人并不是一种懦弱，而是当时唯一的逃脱毁灭感的机会。

但是人们能够苛求母亲吗？因为她也为自己是母亲的乖乖女而自豪，六个月就不再尿床，一年就干干净净，三岁就是更小的弟弟妹妹的"小母亲"了，等等。母亲在自己的婴儿那里看到了她从未生活过的、被分离出去的自体，她害怕自体突然有了意识，同时她也看到了不受拘束的弟弟妹妹，她曾经那么早就照顾他们，现在她在自己的孩子这里感到了嫉妒，也许还有嫉恨。她不能带着更好的认识教育孩子，她别无他法。孩子逐渐长大，不能放弃他的真实，但只能以某种方式，也许以一种完全隐藏的方式表现出来。一个人就这样完全适应了环境的要求，发展出虚假自体，真实自体的一部分只有通过变态和强迫症表现出来，在痛苦中挣扎生存。种种生存的条件跟当年孩子在震惊的母亲那里生存的条件是一样的，这些条件在此期间被投射在心里。变态行为和强迫行为表现的总是同一种创伤：只有震惊的母亲在场时，欲望的满足才得以可能实现。就是说只有在自我鄙视的环境中才能达到高潮（比如恋物癖），只有在（看起来）荒谬、陌生（让人恐惧）的强迫症想象中才能完成。

没有什么能更好地带领我们进入无意识的母子关系的隐藏悲剧，除了对变态和强迫症进行分析，共同感受强迫症那种毁灭性的力量，倾听它通过悲剧表演传达的无声无意识的控诉。

极为关键的是，分析师虽然可以为了患者的需要扮演欲望的敌人，去歧视和鄙视，但他自己决不能真是这样。这点看起来很自然而然，但实际情况并不总是如此。

有时会在分析师那里无意识地发生完全相反的状况，即便分析师的原意是好的。有可能分析师完全没办法扮演一种那么充满敌意的角色，而是表现出了他的宽容，为了促使患者能够没有恐惧地讲述例如手淫的经历。这样他就使患者完全没有办法通过他去体验曾经跟母亲有过的经历。但在事实层面上，分析师其实同时重复了母亲对孩子欲望的拒绝，因为他没有让孩子般的恐惧和困惑以它最开始的质地涌入进来，而是与他的病人在成人的层面上对此进行谈论。

实际上，当分析师强调患者对他来说当然一直都是成人，而不再是孩子，就好像"是孩子"是一种让人羞愧的东西，而不是我们后来失落的丰富宝藏时，已经构成了对孩子的歧视和贬低。人们有时也会听到关于生病的相似的论调，即分析师想要尽力将患者看作是健康的，并且让他们对"危险的倒退"保持警惕，就好像疾病在某些情况下不是真实自体的唯一表达似的。来拜访的人在整个人生当中追求尽可能地像成人、健康（正常），当他们发现并放弃自己身上由社会带来的对孩子的歧视、对"正常"的倾慕之后，他们感到了一种内心的极大的自由。

一个深受自己的变态行为之苦的人，随身携带的是母亲的拒绝，他到处找地方想把它挂起来，就是说想让拒绝的母亲外显。因此他不得不做被周围环境、社会所禁止和鄙视的事情。如果说社会突然赞美起他的变态行为（就像在某些圈子内发生的），那么他就不得不改变自己的行为，但是他并没有因此自由。他所需要的，并不是对于这种或那种恋物癖的允许，而是一对震惊的眼睛。如果他决定去分析师那里，那他在分析师那里寻找的也是同样的东西，他会通过一切手段挑逗分析师，让他厌烦、震惊、作呕。这样的挑逗当然是移情的一部分，人们也可以通过反移情感知到，生命的初期发生了什么。

如果分析师能够看透这种挑逗的意义以及强迫性,那么腐朽的大厦就会倒塌,为真正的、深刻的、坦露的悲伤腾出位置。当自恋伤口被感知之时,所有的扭曲行为突然之间不再必要。如果我们试图让病人弄清楚他所有的欲望冲突,而他自幼年起便被培训不去感知他的欲望冲突时,显然我们是注定失败的。本能欲望和欲望冲突如何在感情闭塞的情况下被体验到呢?口欲没有欲,肛欲期没有倔强和嫉妒的感觉,俄狄浦斯情结不带愤怒、被遗弃、嫉妒、孤独、爱这些感情的话,它们本身还意味着什么?让人印象深刻的是,当患者开始真正地感受他的感受,感受他真正的本能欲望时,虚假的欲望行为是如何轻易瓦解的。

我从《明星》周刊[①]在 1978 年 6 月 8 日关于圣保利的一篇报道中摘引如下的句子:"你做了个充满诱惑的荒谬的男人梦,梦见自己像婴儿一样被女人爱抚,但又好像帕夏一样高高在上

---

① 德国《明星》周刊属于世界最重要的媒体集团之一贝塔斯曼集团,是德国目前最大的时事社会生活杂志,迄今已连续发行 50 余年。

地控制着她们。"这样的男人梦不仅不是荒谬的,而且还出自最真实、最具合理性的婴儿的需求。如果大多数的婴儿像帕夏一样,能够拥有母亲,被她爱抚,而不必过早地照顾母亲的需要,那我们的世界肯定看起来会大不同。

报道的作者问常来的客人,这些地方带给他们最大的乐趣是什么,然后将答案总结为如下的话语:"这里的女孩<u>按价售卖自己的身体</u>,她们<u>不像女朋友</u>,她们<u>不需要什么爱情的誓言</u>。当乐趣消失的时候,也<u>没有什么责任感、灵魂的闹剧、良心的撕咬</u>。'<u>付钱,然后你就自由了</u>。'甚至(<u>正是</u>)这种让人感到<u>羞辱</u>的相遇,对嫖娼者来说也是(正是)如此,<u>才更为刺激</u>——但人们很少愿意去谈论此事。"(下划线强调是由爱丽丝·米勒做出)。贬低、自我鄙视和自我疏离反映的是内心中原始客体的鄙视,强迫重复症会迫使最初的悲剧的性欲条件不断被还原。

变态是一种特殊的情况,但是这种情况展示出,被投射的无意识的鄙视具有极大的重要性，关于这点的认识也适用于治疗其他心理障碍。

人们不能通过宣言或者禁令来废除无意识的东西。人们能做的只有对此保持敏感，主动去认知，有意识地去体验，去把握它。一个母亲尽管怀有尊重孩子的美好愿望，但是如果她没有意识到自己是如何用讽刺的评论让孩子感到羞耻的话，那就是事与愿违。她的话实际上是为了掩盖她自己的不安全感。如果她自己从来没有真正体验过那些感情，而是用讽刺来抵御它们的话，那她就感觉不到，孩子在她身边时是如何感到被贬低、被鄙视、被剥夺价值感的。相似的情况可能发生在心理咨询工作中。我们虽然不使用例如"坏的""脏的""邪恶的""自私的""败坏的"这类词，但是我们彼此之间会谈到"自恋的""暴露狂""摧毁的""退化的"病人，而且并没有发现我们（在无意识当中）赋予这些词贬义。也许在抽象的词汇中，在客观化的姿态中，甚至在理论的构建中，都能找到一些和鄙视的母亲们共通的东西，也是三岁的乖乖女内心当中产生的东西。如果病人的鄙视态度误导了心理分析师，让他觉得可以借助理论的帮助来维持自己的优越地位，这也是很容易理解的。但是病人的真实自体是不会来拜访我们的军事战壕的。他们会像面对震惊的母亲那样，用同样的方式将自己在我们面前隐藏起来。但是如果我们对此有足够的敏感，在被分析者的鄙视后面感受到了被鄙视的孩子的发展历史，那么分析师就很容易不再感到被攻击，也不再需要躲在理论的后面修自己的防御战壕。理论知识只有在放弃防御功能，不再像严厉的充满控制欲的父母的后继者那样，试图让分析师乖乖就范限制他们，而是像温尼科特的"随意放置的泰迪熊"一样，分析师可以根据需要随时抓起的时候，它们才是有帮助的。

以赫尔曼·黑塞童年世界中的"堕落"作为"邪恶"的具体例子

如果不举一个直观的例子，很难描述一个人是怎样应对他童年遭受的鄙视的，尤其是针对他感官享受与生活乐趣的鄙视。我们当然可以借助不同的元心理模型来展现内心的活力、占有的推移、结构的改变、不同的防御机制，尤其是情感防御。但是我们没法借此传递一种能让读者感受到他人痛苦的情感氛围，也就是说，读者无法产生共鸣和同情。如果只有纯理论的描述，我们就成了旁观者，我们可以谈论"他人"，给他们分类、贴标签、重命名，以一种只有我们理解的语言讨论他们。

毫无疑问，在精神分析中（在躺着的病人与坐着的分析师之间）存在一种不平等，这种不平等关系有其意义和合理性。但我们没有必要将它带入到其他的情境中去，比如讨论、讲座和文章中。如果我不想把病人视为我获得认识的工具，我必须克服我心中的这种不平等以及与病人之间的距离。

如果我们不仅想陪伴病人，还想传授给他我们获得的经验，我们要如何消除这种不平等呢？借助元心理学的概念，我并不能让人们感受到，我们作为人类（作为小孩或者病人）是多么需要共同的敏感。但如果我把例子叙述得太详细，就有泄露他人不为人知的悲剧的危险。这样的话，我就表现出了不尊重（虽是无心，但的确这么做了），就像母亲发现孩子自慰并羞辱他那样。

只有通过具体的生活例子才能展现，一个人是怎样将童年具体的"恶"体会成"恶本身"的。只有借助个人的生活经历，我们才能感受到，一旦父母的约束成了某人的一部分，他就无法再识破这些约束行为，即使他一生都在努力逃出内心的监狱。

是选择元心理学这样的纯理论，还是冒着泄密的风险讲别人的故事？进退维谷的我最终选择以赫尔曼·黑塞的例子来阐述这相当复杂的事实情况。选择这个例子有个优点，就是它已经公之于众了，并且是作者本人发表的。因此，我引用这个例子，别人就无法对我进行道德上的批判。另外，通过阅读他人具体的生活经历，读者可以更加容易理解我推理出的一些因果关系。虽然这个例子不是关于变态行为的,但在我看来,它与前变态行为有许多的相通之处,也就是父母对孩子本能需求进行鄙视的内心投射。

在小说《德米安》(*Demian*)的开头,黑塞描述了一个善良、纯洁的家庭,在这个家里,孩子不许撒谎。(不难看出,这部小说中有作者自己父母的影子,而且黑塞也间接地证实了这点。)因此,这个孩子独自承受着他的罪孽,他觉得自己堕落、邪恶、受到排挤,尽管根本没有人责骂他,所有人都对他很友好。(因为他们不知道可怕的是什么。)

很多人都熟悉这种情况,而且我们对这种以理想化的方式去描述一个"纯洁"家庭的做法也并不陌生。这既反映了孩子的看法,也折射出我们熟悉的教育方式中隐藏的残暴。

黑塞在书中写道:"虽然我的生命欲望在觉醒,但是就像所有的父母一样,我的父母没法帮我,欲望不能被谈及。他们只能不知疲倦地认真帮我进行无望的尝试,否定现实,继续蜗居在童年世界中,尽管童年变得愈发不真实和虚伪。我不知道父母在这件事上究竟能起到多大的作用,我也不想责备他们。因为完成自我,找到自己的路,这毕竟是我自己的事情。但我总是处理不好自己的事,就像其他出身优渥的人一样。"

在孩子眼中,父母似乎没有任何本能的欲望。这是因为父母有办法不让孩子看到他们的性生活,然而孩子却无时无刻不生活在家长的监视之下。①

对我来说,《德米安》的第一部分非常容易理解,对于其他生活圈中长大的人来说也是如此。这本书后面的部分之所以特别难懂,是与父母和祖父母(传教士家庭)的情感取向在黑

---

① 黑塞在短篇小说《童心》中写道:"父母的所作所为让我们觉得这个世界似乎是完美的,他们就是半个神,我们小孩子只不过是渣滓废物罢了……总是在几天、甚至几小时之后,就发生了那些本不该如此的事情,那些不幸的、伤感的、羞耻的事情。我总是一次又一次地从倔强的、高尚的决心和誓言走出来,又无可避免地陷入罪恶与无耻、平庸与粗鄙中去……为什么总是这样?别人会不一样吗?"

塞心中的投射有关。在他的许多小说中，我们都可以察觉到这一点，但或许在《德米安》一书中，它体现得尤为突出。

尽管主人公辛克莱经历过暴力行为（被比他大的男孩敲诈），但这没能让他更好地认识世界。在他看来，"恶的"就是"堕落的"（这就是传教士语言）：代表恶的不是仇恨，不是矛盾，不是每个人身上都带有的并且辛克莱也亲身经历过的残暴，而是奇奇怪怪的琐事，比如说在酒馆喝酒。

黑塞小时候从父母那儿学到了"把恶视为堕落"这种特别的观念，但是这个观念并没有扎根于他的人格之中，而是像一个异物。因此在小说中"糅合了神性与魔性"的阿布拉克萨斯神出场之后，发生的所有事情都离奇地变得疏远了，不再触动我们了。恶在此"艺术地"与善结合在了一起。这似乎对辛克莱来说是陌生的、危险的、不熟悉的东西，但是他没有从中走出来，因为"堕落"早已和恐惧与罪恶感捆绑在了一起，也从情感上被占据了。他想消灭内心的恶：

"又一次,我发自内心深处地,试图从崩塌的生命阶段的废墟中建立一个光明的世界;又一次,我整个人只有一个愿望:消除我心中的黑暗和邪恶,完全沐浴在光明中,跪在诸神面前。"

在 1977 年于苏黎世举办的纪念黑塞百年诞辰的展览上,人们可以看到一幅挂在黑塞床头并伴随他长大的图画。画的右边是一条通往天堂的"正确的"道路,路上充满了荆棘、困难与痛苦。左边是一条舒适惬意的道路,却不可避免地通向地狱。在这一条路上,酒馆扮演着重要的角色。大概虔诚的女性想借此威胁她们的男人和儿子,好让他们少去这种地方。这些酒馆在小说《德米安》中也扮演着重要的角色。这非常荒诞,因为黑塞从没想过在酒馆喝得酩酊大醉,但是他想要突破父母狭隘的价值观。

每个孩子最初的关于邪恶的设想都来源于父母所禁止的、

忌讳的、害怕的东西。他必须经历一段很长的过程，才能真正从中解脱，才能发现自己内心的"邪恶"，并且不再把它们视为"堕落的""有害的"东西，而是把它们当作一个鲜活生命身上的某一面。没有人能够完完全全摆脱邪恶，即使他们通过坚决否认来幻想自己能够做到这点。或许黑塞在青春期时也不得不过着像他父亲那样被否定的、分裂的、"堕落的"生活，并尝试在他的书中描绘这种生活。或许正是因为这样，他小说中的许多地方才不那么容易理解。但通过阅读他的小说，我们了解了黑塞小时候所忍受的那种家庭氛围，而且他还无法从中解放出来，因为他很小的时候就必须将这种氛围内化到心里去。失去爱的客体的威胁在多大程度上阻碍了黑塞寻找真实自体？读了《德米安》中的下面这段话，就会知道答案：

"有时候我们并非出于习惯，而是凭着最本真的冲动献上爱和崇敬，我们全心全意地愿意充当追随者和朋友，但就在这些地方会产生一些苦涩而可怕的瞬间——我们突然认识到，自己内心情感的洪流想要把我们从所爱之人那里冲走。每一个拒绝朋友和老师的想法都将毒针刺向我们自己的心灵，每一次反抗都是抽自己的耳光。所有自认良心未泯的人心中此时都会响起羞耻的呼喊，给自己打上羞耻的烙印：'不忠！''忘恩！'受到惊吓的心灵充满恐惧地逃到童年道德的可爱的峡谷，不敢相信，自己竟然违背了它们，竟然想要毁掉这样的纽带。"

在《童心》一文中，黑塞这样写道：

"如果要追溯所有的情感和情感之间痛苦冲突的根源，并用一个词来描述它，我觉得没其他词比恐惧更合适。就是恐惧，恐惧与不安，这是我在每一个童年幸福幻灭的时刻所体会到的：惧怕惩罚、惧怕自己的良心、惧怕被我视为违禁的情感冲动。"

在小说《童心》中，黑塞带着理解，温情脉脉地叙述了一个11岁男孩的情感。这个男孩为了能让自己身边有一些属于父亲的东西，就从父亲的房间偷来了一些无花果干。罪恶感、恐惧与绝望折磨着孤独的他，最终，当他的"恶行"被揭发后，他感受到了深刻的耻辱与羞愧。黑塞讲述的这个故事非常生动，让人忍不住猜测这是发生在黑塞童年的真实的故事。而他母亲于1889年11月11日写下的一张便签更是印证了这个猜测，上面写着："赫尔曼偷无花果的事情被发现了！"

从他母亲的日记以及自1966年起公布的父母与其他家庭成员之间大量的信件往来中，足以看出小黑塞艰难的生活历程。黑塞和许多他这一类人一样，因为自己丰富的内心世界而让父母难以忍受。孩子的天赋（强烈的情感、深刻的体会、好奇、聪慧、灵敏）通常会让父母面对矛盾。他们一直想用规章制度来约束孩子的天赋，不惜以孩子的成长为代价来换得规则的维护。这就导致了一个看似矛盾的情况——他们一方面为天资聪颖的孩子感到骄傲，甚至羡慕孩子，另一方面却出于无奈而去反对、压抑甚至摧毁孩子身上最美好、最真实的东西。黑塞的母亲说过的两段话展现了这种摧毁的行为是如何与亲切的关怀糅合在一起的：

1. (1881年)"赫尔曼上幼儿园了,他的暴脾气简直让我们难堪。"那时黑塞三岁。
2. (1884年)"教育黑塞这小子劳神又费力,不过他现在的表现好多了。从1月21日到6月5日,他一直在男生宿舍待着,只有礼拜天才和我们在一起。他在那儿很乖,但回来的时候脸色苍白,瘦不拉几的,还很消沉。效果还是非常好的,他现在比以前更容易对付了。"这时黑塞7岁。

更早以前,在1883年11月14日,黑塞的父亲约翰内斯·黑塞(Johannes Hesse)曾写道:"赫尔曼被认为是男生宿舍的道德模范,可有时候他真不好对付。我认真考虑过是不是要把他送到一个教育机构或者其他家庭去,但这样对我们来说太羞耻了。我们对待孩子太紧张了,无法震慑住他,家里也没有个规章条例。他似乎对一切事情都有天赋,他会观察月亮和云朵,即兴演奏风琴,用铅笔和钢笔画出美丽的图画,想唱就唱,并且句句都押韵。"

从《赫尔曼·劳舍尔》(*Hermann Lauscher*) 一书中,我们看到黑塞将他的童年与父母完全理想化了,① 抛弃了原本叛逆、难对付、让父母讨厌的自己。他无法与自体中这一重要的部分共存,不得不将它驱逐出去。或许正因如此,他对真实自体强烈、真诚的渴望从未得到过满足。

黑塞的作品以及许多信件,特别是他在斯特滕精神病院写的那封信,都表明了黑塞并不缺乏勇气、天赋和体会的深刻性。但他父亲对那封信的回复、他母亲写下的便签以及从《德米安》和《童心》中摘录的片段都让我们看到了,父母留给他的沉重的内心投射已经成了他的命运。尽管他收获了巨大的成功,得到了诺贝尔奖,却在成年后饱受与真实自体分离而导致的痛苦折磨,而医生将这简单称为抑郁症。

---

① 黑塞在他的作品《赫尔曼·劳舍尔》中提到,"如果现在童年还能撩动我的心弦,那它肯定是一幅镶着金色边框的深色调图画,里面充满了茂盛的栗子树与椴木,晨光熹微,远方重峦叠嶂,依稀可辨。我人生中所有被赐予短暂而遗世般宁静的时刻,所有在壮丽的群峰间孤独的漫步,所有意外的小幸运与不掺欲望的爱让我忘却昨日与明日的片刻,比起把它们比喻成这幅我人生早期的绿意盎然的图画,我不知道还能给予它们怎样一个更加美好的名字。"

在孩子生命的最初几年中,母亲是他认识社会的媒介

如果我们告诉病人,他的反常行为在其他社会中根本不被当成是问题,只是因为我们的社会是病态的,会导致束缚和压迫,那么我们虽然讲出了部分事实,但是这对于病人没有多大帮助,因为病人觉得自己身为一个独一无二的个体被忽视和误会了。他真实的悲剧甚至可能会因为这样的解释而被低估。真正需要被理解的,是他的强迫性重复和这种行为背后所表明的情况。这种情况是由社会的束缚所造成的,但是它不会作为抽象的认知留在内心,而是通过孩子与母亲之间最初的情感体验铭刻在心中。因此,它不能通过言语来解决,而是只能通过体验,且不仅仅是通过成年后带有纠错性质的体验,更主要的是体会到小时候所害怕的来自自己深爱着的母亲的鄙视,以及由此产生的愤怒和悲伤。仅仅靠言语,就算解释得再好,也只会保持甚至加重病人的分裂。

因此，如果我们只是告诉病人，我们的社会多么荒谬、病态、充满剥削，并且这导致了他的神经症和反常行为，那么我们几乎无法使病人摆脱他严重的内心投射。就算我们讲的是实话，也不会起作用。弗洛伊德有一位病人因为看不透这个社会对性的虚伪而患病。我们自己就能够识破的东西，并不会让我们生病，但可能会引起我们的愤怒、悲伤或者无助感。使我们患病的，都是那些看不穿的东西，是我们从母亲的眼中看到，并吸收进自己内心的社会约束，并且我们无法通过阅读与学习让自己从中解脱。换言之，我们的病人都很聪明，他们从报刊和书籍中了解到了扩军备战的荒唐、资产阶级的剥削、外交的虚伪、权力的傲慢与操纵、弱者的迎合以及个体的无助，并对这些问题有自己的见解。但他们无法看见的，是在他们还小时，他们深爱的母亲所做的荒谬的事。我们不可能记得父母的这种态度，因为那时候我们还是他们的一部分。只有在精神分析中，当时的那种互动才能被体会到，父母的约束才能被逐渐地被看透。

被虐待、囚禁、剥削、约束、驯服的孩子产生的无意识愤怒可能促成一次政治行动。在与机构的斗争中，这种愤怒可以得到部分的发泄，但在这个过程中对于童年时自己母亲的理想化却不一定会被放弃。以前的依赖会转移到一个新的客体上去。但如果病人在精神分析中体会到了幻想破灭以及随之产生的悲伤，那么这就不会导致反社会或反政府行为，而是只会让病人从强迫重复的行为中解放出来。

当病人了解到自己的事实真相后，就没有必要为了逃避它而不断地陷入幻想与否定中。然后我们就会明白，我们一生都在害怕和抵制一些根本不会再发生的事情，因为这些事情在我们毫无抵抗能力的生命初期早就发生过了。创造力也是如此。创造力的前提是体会悲伤，而不是我们经常认为的神经症。许多艺术家都相信，精神分析会夺走他们灵感。

假设一个精神分析师试图通过把患者严苛的超我归因于服务某种资本利益的社会规则，来让病人摆脱他的罪恶感。这种解释没有错，社会不仅压制我们本能欲望，还压抑我们的某些情感（比如愤怒）和（对于尊重、镜映的）自恋需求。如果成年人能够体会这些情感，如果孩子的自恋需求能够得到满足，那么他们就能独立自主，获得情感的力量。然而，这会损害当权者的利益。这类压制或者被迫的迎合不仅仅存在于办公室、工厂或者党派中，我们从出生后的几周内就能感受到这些。随后，它们会被内化和抑制，根据它们的特点，用任何论证都无法动摇它们。因为迎合与依赖的本质不会发生任何改变，而仅仅是迎合或依赖的客体变化了。

如果病人严苛的超我可以被分析师宽容的超我替代，治疗就会取得短暂的效果。但是精神分析的意义并不是要纠正病人的命运，而是让病人认识到自己的命运，并为之感到悲伤。病人必须在移情中、在内心中找到他童年时期的父母，并有意识地体会到父母的操纵与鄙视，这样才能从中解脱。只要他一直带着分析师宽容的替代性超我过活，父母鄙视他的内心投射还是一成不变，因为这些内心投射仍然藏在潜意识之中。它虽然会表现在病人与自己和他人的关系中，并不断折磨病人，但是却拿它毫无办法。正如弗洛伊德所说的，无意识的内容是永恒的，一成不变的。只有当这些内容变成有意识的，才会发生改变。

鄙视者的孤独

自恋障碍的病人可能在生活中鄙视过许多人，例如"愚蠢弱小的"弟弟妹妹或者没有教养、什么都不懂的父母。所有的鄙视都有一个共同的作用，那就是抑制自己不愿表现出来的情感。鄙视弟弟妹妹，常常是因为嫉妒他们；鄙视父母，能够帮助病人逃避无法理想化父母形象的痛苦。鄙视也可以保护其他的情感，但当这些情感被体会到时，鄙视就不再起作用了。比如说，追求异性遭拒而感到羞耻，在与同性父母的竞争中感到自己败下阵来，最主要的是体会到无法支配客体而产生的自恋性愤怒。只要我们鄙视他人，高估自己的成就（"我能做的，他做不了"），那我们就不会为"得不到成就，就得不到爱"这一事实而感到悲痛。可是，逃避这种悲痛就意味着我们实际上是被鄙视的人。因为我需要鄙视一切在我看来不伟大、不够好、不聪明的东西。如此一来，我就在内心里一直保持着童年的孤独：我鄙视无助、弱小和不安——总之，就是我自己和别人心中那个无助的孩子。

病人在治疗初期很少直接地表达他对分析师的鄙视。一开始，他的鄙视都有意识地针对其他人。例如，他想："我才不需要任何孩子气的情感，那些是弟弟妹妹才有的，因为他们没有我的聪明才智。本来这些也就是感性的东西，真是可笑。我是成年人了，会思考，会行动，也能够影响到我周围的人。我不需要体会无助感、依赖感。要是我感到害怕，我可以做些事来让自己不那么害怕，或者我可以试着理性地理解害怕。我的理智就是我可靠的伴侣。"

看上去一切都很正常。但是病人接受精神分析，是因为尽管他有如此明显的优越感，他仍觉得孤独，仍然饱受沟通障碍、强迫症或者变态行为的困扰。一旦他开始接受精神分析，我们就会明白，鄙视到底在多大程度上保护了他，让他不用面对自己的情感。似乎病人对分析师的鄙视很早就开始了，但是直到他寻找到自己整个情感世界的广泛根基，并能接受自己的矛盾情感，我们才能接触到他对分析师的鄙视。十分重要的一点是，分析师不能因为自己受到侮辱而向病人展现自己的优越感，进行挑衅。自大的成功人士目空一切，甚至鄙视自己的真实自体。因为他们的鄙视表明他们认为："一个人如果不具备我的品质，那这个人就一无是处。"这也意味着："假如没有这些成就和天赋，我根本无法得到爱，也不会被爱过。"因此，弱小无助、任人摆布、讨人厌、难对付的孩子就只能遭人鄙视。自大也维持了"我是被爱的"这一幻想。

一些人在自大的虚伪自体中装出一副被爱的样子，他们会被抑郁型自恋障碍患者羡慕嫉妒，尽管后者会受到前者的鄙视。然而，我们并不能依据这一点对病人进行分组归类，因为自大和抑郁本质上表现的是同样的问题。

当病人开始为那些无法挽回的东西感到悲伤时，鄙视就逐渐开始消失。鄙视也是用来否定既往的事实的。毕竟如果认为因为别人太愚蠢，所以无法理解我们，这样我们会少一些痛苦。我们还可以尽力向他们做出解释。这就是科胡特所说的，理想化自体客体失败之后，自大的自体必须被占有的过程。至少在幻想中可以找到出路。借助自己的自大，病人可以挽救自己的权威，自己得到理解这一幻想也会保存下来（"只要我能够恰当地表达自己"）。

如果放弃这一努力，就不得不体会到，另一面的东西是如此之少，以及人们能够在多大程度上投身于其他事情。人们体会到，理解本身是不可能的，因为每个人的命运和童年都有各自不同的烙印。很多父母有时无论如何也无法理解自己的孩子，因为父母受到与他们父母在一起的生活经历的影响，并且与孩子是不同的一代人。如果他们在不理解孩子情感的情况下，依然能够尊重这些情感，就已经很了不起了。但是"理解的不可能性"并不是要去鄙视什么,而是一种促成妥协的认知,当然这种认知是很难获得的。让我们来看一个具体的例子。

一位病人因为折磨着他的强迫行为而寻求第二次精神分析治疗。他反复梦到自己站在一个瞭望塔上,这个瞭望塔在他喜欢的城市边缘的一摊沼泽地上。在那里,他能把整个城市尽收眼底,但他感觉很伤感,很孤独。塔里有电梯,但要登塔却极为困难,要么没有门票,要么障碍重重。现实中,这个城市没有这座塔。毫无疑问,这是病人梦中的景色,并且病人对它了如指掌。在上一次的治疗中,这个梦的阳具崇拜的含义已经被顾及到了,从这个方面去考虑也不算错。但这样明显还不够,因为这个梦和孤独感反复出现。用本能冲突来解释完全没有效果,强迫症的症状在病人身上依然存在。

在我们尝试了很多治疗方法之后,病人的梦才开始有变化,并最终发生了决定性的改变。一开始,病人很惊讶自己在梦中得到了一张门票，但是这座塔却被拆除了，再也看不到全景了。相反，他看见了一座连接沼泽地和城市的桥。他可以徒步去城里，虽然看不到全景，但也能看到一些近景。这位有电梯恐惧症的病人觉得轻松了很多，因为他在梦中也很怕乘坐电梯。他觉得，他现在不再依赖于那种看到全景、俯瞰一切、高高在上、比别人聪明的感觉了，他终于可以正常地用脚走路了。

病人在治疗快结束的时候，梦到自己突然坐在了瞭望塔的电梯里，像坐着缆车一样往上升，然而他并没有感到恐惧，这让他非常意外。他很享受，出了电梯之后，外面很奇怪，围绕着他的是五彩斑斓的生活。这是一片高原，放眼望去，可以看到山谷。但是高处也有一座城市，街上的市场售卖着各式各样的商品；学校里孩子们在练习芭蕾，他也可以参与其中（这是他童年的梦想）；一群人谈笑风生，他与他们坐在一起，侃侃而谈。他觉得自己作为真实的自我融入了这个集体。这个梦令他印象深刻，也让他感到愉悦。他说："以前我关于瞭望塔的梦展现的都是我的孤立与孤独。我是家里兄弟姐妹中的老大，凡事都要冲在前面。我的父母还没我聪明，在涉及才智的方面，我总是孤苦无依的（病人深爱的那座有塔的城市也是欧洲的智力中心）。一方面，我不得不展现出我的知识，好让自己被认真对待；另一方面，我又要把我的知识藏起来，以防父母说：'你读书读得昏了头脑了。你以为自己上了点学就比别人优秀了？要是没有我们的辛勤付出，你哪会有今天的成绩？'这让我有种罪恶感，我想把我的过人之处、兴趣天赋都隐藏起来。我想和旁人一样，但这样是对我自己的不忠诚。"所以，病人寻找着他的塔，与各种障碍（登塔之路、门票、恐惧等）斗争。当他登上了塔顶，也就是说，当他比别人聪明时，他觉得自己很孤单。

一对常见的矛盾是，大人出于嫉妒对孩子采取竞争的态度，同时又鼓励孩子取得更高的成就，并为孩子的成功感到骄傲。所以病人不得不寻找自己的"塔"，也不得不面对各种障碍。在治疗中，他体会到了针对成绩压力的反抗，于是在治疗后的第一个梦中,那座塔消失了。他放弃了俯瞰一切的自大幻想,并能接近那座"他喜欢的城市"(他的自我)中的各种东西。当他第一次成功地在艺术行业中表现自我,感受自我,并得到热烈的回应时,他做了第二个梦。这一次,父母不再是以他害怕的那种嫉妒、骄傲的形象出现,而是自己真正的伙伴。他的那座"塔"消失了,随之而去的是对他人的鄙视。

直到现在他才明白,因为鄙视别人,他自己孤立了自己,也与他的真实自体(至少是自体中无助、不安的部分)分离了。将人格中的这一面融入自身,帮助他勇敢地换了一份让自己愉快的职业。经过五年的精神分析治疗,病人怀着丰富、强烈的情感意识到了他俄狄浦斯期的命运,而这种情感的强度和丰富程度,是别人在以前那个目空一切、冷淡清高、理智聪明的他身上所看不到的。

摆脱鄙视的内心投射

性变态行为与强迫症并不是延续当初被鄙视的悲剧的唯一可能，还有无数种有细微差别的形式。孩子因为无法支配母亲，因为母亲否定他的自体而产生自恋愤怒，其表达方式跟母亲否定他的方式是一样的。

一个人可以有多种方式在不知情的情况下把自己童年遭受的歧视传播给别人。例如，有些人从不破口大骂，出口成"脏"，显得友善高雅，然而他们总是传递给别人这样一种感觉，好像别人都很可笑、很蠢、很吵闹，反正与他们相比都太平庸。他们自己并不知情，也肯定不想这样，但他们的确散发着这种感觉。这背后的原因肯定是父母的态度留在他们心中的投射，而他们从没有意识到这种投射。在精神分析治疗中，这类父母的孩子总是感觉指责别人很困难。

还有些人十分友好，甚至有时候会摆出一副恩人姿态。有他们在场，大家会觉得自己像空气一般。他们给人的感觉是，似乎只有他们是存在的，只有他们讲的事情是有趣的或者重要的。其他人只能站在一旁羡慕着他们，或者悲叹自己的无用，却无法在他们身旁表现自己。这些人可能是自大的父母的孩子，他们小时候在与父母的竞争中没有任何胜算。长大后，他们无意识地向周围的人散布这种竞争的氛围。

还有的人小时候比他们的父母还聪明，因此虽然被父母羡慕，但是遇到问题却只能自己解决，因为父母比不上他们。这类人虽然能够让别人感受到他们的潜能，却也让人感觉自己被敦促着用智慧去化解无助感。在他们身边，大家感觉自己的困难没有被看见，就像这些人的父母看不到他们的困难一样，他们不得不时刻保持强大，不能去展示自己的苦恼。

由此我们也可以理解，有些教授明明可以清楚地表达自己，却偏偏用一种复杂难懂的语言去表述自己的观点。而学生要理解得花费很大工夫，却也没有多大用处。或许学生能体会到他们的老师小时候在父母身边不得不压抑的情感。要是学生以后也当了老师，他们可能会把这些无用的知识当作珍宝（因为学到这些知识要付出很多）再教授给他们的学生。

如果病人可以意识到他内心活动的客体，这将有助于精神分析治疗取得成功，同时这也是与内心投射分离的前提。让我们来看一个例子：曾有位病人在治疗的某一阶段突然开始辅导她聪明的十岁大的女儿写家庭作业，尽管她女儿完全可以独立完成。她这么做的动机是老师在家长会上给出的一般性建议。但是很快，孩子在学习方面不再主动、自觉，她感到不安，学习成绩也受到了影响。现在母亲完全有理由继续辅导孩子的功课了。病人的母亲是一位教师，她对自己的教育天赋感到十分自豪。就像她自己所说的，她善于发掘每个孩子的天赋。她属于那种没有安全感的母亲，恨不得要手把手教孩子说话和走路。我们很早就了解这件事了，因为病人在移情的过程中多次将我当作了她的母亲，并幻想在她的治疗取得效果时，我关注的不是她，而是我自己的成功以及我对自己的认可。随后，她回忆起了与母亲在一起的时光，并在梦中也经历了这些场景，这一切都印证了她的猜测。但这还不够，病人还得在她的内心找到母亲，并且体会到，母亲多么害怕孩子让自己在老师面前丢脸。她讨厌自己干涉女儿生活的冲动，她觉得这是一种陌生的感觉，但没法摆脱自己的冲动。最终，她在梦里得到了帮助。在梦中，她感受到了二战结束后母亲的处境。她现在可以想象，她的母亲作为一个年轻的寡妇，当时是如何带着女儿艰苦度日的，又是怎样因为工作忽视了自己的孩子而受人非议的。因此，她唯一的孩子，也就是我的病人，必须更加完美。然而现在病人女儿的家庭状况与以往大相径庭。当病人意识到这种差异时，她想要操控孩子的那股冲动就消失了。有一回，她说："我是不同的人，有着与我母亲不同的命运。"后来，不仅老师，连她的丈夫和邻居们也自觉地不再给她提一些所谓的"好建议"，定一些被装扮起来的规矩。

在每一次的精神分析治疗中，我们都会遇到病人一直压抑的需求、恐惧、愤怒、批评或者嫉妒等情感首次爆发的时刻。这些情感通常以一种病人不待见，甚至一生都在抵制或恐惧的假象出现。在病人能够发展出自己的批评模式之前，他会效仿父亲说一些令人讨厌的话或者发牢骚。而他长期以来压抑的焦虑感也正像他母亲疑神疑鬼的忧虑。病人必须在自己内心之中发现他竭力逃避、折磨着他的"邪恶"，并与之达成和解。为了从折磨之中部分地解脱出来而承认这种个人印记是自己的命运，这或许需要无尽的哀悼工作。

当病人从情感上体会了自己的童年，并重获活力，治疗的目的就达到了。我们必须让病人自己决定，他是否愿意有一份固定工作，想一个人生活还是和伴侣一起过日子，是否愿意加入党派，加入哪个党派等等。他的人生经历、经验会在这些抉择中起到作用。让他适应社会、教育他或者为他介绍朋友，这些都不是我们的任务，而是他自己的事情。

当病人在治疗中多次有意识地体会到（不仅仅是通过分析师的解释而感受到）他小时候在接受教育时是如何被操控的，以及这在他的心里埋下怎样的报复欲望，那么他就能比以前更快地识破操控，也会摒弃操控他人的需求；当他在移情中体会到童年的无助感，他在团体生活中就不会无助地任人摆布或者百依百顺；当他清晰地感受到他当初是怎样把父母说的每一句话都奉为至理名言的，他就不太会陷入理想化他人和制度的危险中。如此一来，他可能会在听讲座或者阅读一本书的时候，感受到和当初一样的儿童般的着迷与羡慕，但同时也会看出这背后潜藏的空虚或者人性的悲剧，并为之颤抖。别人无法再用花哨而难以理解的言语去愚弄这类人，因为他们通过自己体会、自己感受，已经长大成熟了。最后，有意识地忍受了自己悲剧命运的人，能够更清晰、更迅速地感受到别人的痛苦，即使别人仍然在遮遮掩掩。他不会嘲讽别人的情感，因为他能够认真对待自己的情感。他也不会将鄙视的恶性循环再继续下去。

这一切并不是我基于自己的愿望或思想而对病人提出的要求，而是我在精神分析治疗中得出的经验，也是病人在重获活力之后的真实写照。

后记 2008

自 1979 年本书出版以来，很多读者告诉我，在阅读此书的过程中，那个幼小、困惑、不被理解、充满恐惧的孩子，也就是童年时的自己，又重新回到他们的生活中。他们曾经在数十年中必须选择离开、忘记那个孩子，而不是像现在一样正视他。很多人发现，他们是第一次如此强烈地感受到那个孩子的困境和痛苦，以致痛哭不止。很多人感到惊讶，因为他们这么长时间以来甚至完全没有感受到那个孩子的存在和痛苦。我经常读到："您所描述的就是我的生活和家庭。您从哪里得知这一切的？您认识我的家庭吗？"

这本书之所以会获得如此强烈的情感的回响，也许是因为这样一个事实：这本书是我本人情感苏醒的标志。我决定抛开养育、分析师教育给我带来的负担，去寻找自己生命的开端，解读自己的历史，创造自己的生活。

这样的决定所启动的程序，需要耗费大量的时间。我很高兴，命运赠予我这些时间，使我不仅得以发现几乎完全被排除在外的童年历史，而且也看到我不是一个例外，数百万的人曾经被打被虐待，而他们就像我一样，从来没有思考过这种经历的后果。这样的发现不仅将我从童年留下的恐惧、迷惑、负罪感中解放出来，而且也使我摆脱公认的教育理论和心理分析理论的桎梏。我现在发现，构建这些理论的目的，便是隐藏或者模糊童年的痛苦现实。

带着这样的发现，我的研究工作的故事开始了。它将独裁者们的、英年早逝的著名作家的童年都囊括在内。毫无例外地，我在所有的案例中都发现了同样的模式：完全否认经历过的痛苦，将施虐的父母理想化。在成人的过程中，这两种行为都导致毁灭或者自我毁灭。

我所有的书里都书写了这样的研究结果，最近的书是《身体的反抗》和《你的被救的生活》。我的网页上的文章和采访中也有研究结论，本书的读者可以去那里获取信息。

当然那里主要还是读者来信和我的回答，读者可以在那里了解我现在的治疗理念。无数的读者来信证明了，在对童年命运进行观照之后，很多人不仅摆脱了抑郁症，而且身体上的症状也消除了，因为这些症状就是否认童年的后果。他们勇敢地有意识地去体验具有威胁性的父母带来的恐惧，这些恐惧一度被隔离在外。他们认识到他们的愤怒是合理的，接受这种愤怒，用愤怒来对抗被加诸自身的虐待，而不是像以前一样，为感受到的耻辱而道歉。对曾经施虐的父母的依赖减少了，这种依赖会使人失去行动力，使人陷入病态。这些成功的汇报也带给其他访问者勇气，去感受他们至今不敢感受的，了解到他们的努力不仅是有效的，而且还是完全没有危险的。

我们成人的身体当中那个幼小的被打的孩子，似乎总是在害怕如果他反抗不公便会受到最严厉的处罚。如果他有勇气看一看在他最无力反抗、最依赖父母的关爱时，他的父母对他做了什么，便更是如此。但是他现在已经长大了，借助现在这个成人的力量，孩子会知道，现在没有受罚的危险了，因此他可以摆脱恐惧，不再使用身体症状这样的语言表达。

我认为这个网站可以解答很多本书中提出的问题。但是如果不先读书的话，不先走出迈向曾经自己的第一步，那么网站上提供的材料只能部分地被理解。也许在阅读本书的过程中，您所发现的孩童状态的自己可以帮助您在网站上找到方向，在浩繁的材料中找到您现在需要的部分。

关于童年的事实

爱丽丝·米勒在巴塞尔读哲学、心理学、社会学。博士毕业之后，在苏黎世接受了心理分析师培训，从业 20 年。1980 年为了写作，她放弃了心理咨询和教学活动。自此以后，发表 13 部著作，将自己对于童年的研究结论呈现在公众视野当中。

在联合国组织的 192 个国家中，目前仅有 19 个国家禁止打孩子。在美国甚至有 20 个州允许学校责打孩子，甚至责打青春期的学生。谁为这样的事实感到气愤，并且理解它对未来的影响力，谁就能理解爱丽丝·米勒的书。他们也能理解为什么这位作家如此致力于使社会不再漠视这些事实。她试图通过她的书、文章、宣传页、采访和网站展示，虐待儿童的行为不仅会创造不幸福的、困惑的儿童，还会创造具有破坏性的青少年和施加虐待的父母，以及让人迷惑的、荒谬的社会。爱丽丝·米勒看到，世界范围内的暴力的根源就在于，到处都在打孩子，而孩子正处在大脑形成的最初阶段。这些行为造成的损害，几乎没有被社会所知，但却是毁灭性的。因为孩子不被允许反抗所遭遇的暴力，他们必须将自然的反应，例如愤怒和恐惧，压制下来，当他们成人之后，才能将这些强烈的感情发泄在自己孩子或者其他人身上。爱丽丝·米勒在自己的13本书中描述了这样的规律，她不仅用案例进行了论证，还研究了大量独裁者和著名艺术家的生平。社会避免谈论这样的主题，导致极度荒谬的行为、残暴、虐待狂以及其他变态行为毫无阻碍地在童年时期就开始被制造。而这些产品被看作是天生的或者基因决定的。爱丽丝·米勒认为，只有意识到这样的规律，才能斩断暴力的连接链条。这也是她毕生的目标。

在过去的几年里，她发展出一种治疗方案，能使受苦的人直面自己的历史，以使受虐待的孩子的无意识的、但是却一直高度活跃的对于疼痛的恐惧，以及他合理的愤怒流通进来，被感受然后被消除。这样他才能真正成人，真正独立自主。因为正是孩童时对于全能父母的恐惧，促使他们去虐待自己的孩子，他们是带病生存的人，他们把曾经感受到的可怕视为不值一提。爱丽丝·米勒认为，虽然揭露那些痛苦的存在有让人悲伤的一面，但是在总体上蕴含了非常乐观的萌芽。因为它打开了通往意识的大门，人们可以觉知到童年的事实，成年人也就从童年的恐惧和恐惧带来的毁灭后果中解放出来。数年以来，米勒将她对于童年事实的追寻看作是心理分析的绝对反面，因为心理分析的旧传统是责怪孩子，赦免父母。出于这个原因，在 20 世纪 80 年代她就放弃了心理分析协会的会员资格。

只有脱离教育倾向，才能理解孩子的真实状况。那些见解可以总结为如下几点：

1. 孩子永远是无辜的。
2. 每个孩子都有无条件的需求，主要是对安全、舒适、保护、联系、真实、温暖、温柔的需求。
3. 这些需求很少被满足，而是被成人为了自己的目的而利用（儿童受虐待创伤）。

4. 这样的虐待造成的后果伴随一生。

5. 社会站在成人的阵线，不同情儿童所经受的一切，反而去责怪儿童。

6. 儿童被牺牲这样的事实一直以来都被否认。

7. 牺牲的后果被忽视。

8. 被社会遗弃的儿童别无他法，只得将创伤隔离，理想化施虐的人。

9. 这样的隔离导致神经病、心理疾病、身心障碍，以至犯罪行为。

10. 在神经病病例中，原本的需求被隔离否认，体验到的只有负罪感。

11. 在精神病病例中，虐待行为导致妄想症。

12. 在身心障碍症病例中，病人能够感觉到虐待行为带来的痛苦，但是痛苦真正的原因被隐藏起来。

13. 在犯罪行为中，迷惑、误导和虐待行为的后果一再得到重新发泄。

14. 心理治疗所付出的努力只有在一种条件下才能取得成果，那就是病人童年的事实不再被否认。

15. "儿童性欲理论"支持了社会的漠视，赋予性虐待儿童行为合理性。它指责儿童，保护成人。

16. 想象是为了存活服务的。它可以帮助表达童年时期不能承受的事实，但同时也将其掩埋或者无害化。所谓的"臆想"出来的经历或者创伤总是将真正的创伤掩藏起来。

17. 在文学、艺术、童话或者梦中，被排除在外的早期童年的经历会借助符号的形式表露出来。

18. 因为我们习惯性地无视儿童的真实遭遇，所以我们文化当中痛苦的符号证据不仅被宽容，甚至被高度评价。一旦这些加密的话语的真实背景被理解，社会就会将其拒之门外。

19. 所犯罪行的后果不会因为作案者和受害者都是盲目而困惑的就得以消除。

20. 只有当受害者开始看的时候，新的罪行才能被阻止。这样强迫症倾向会被消除或者减弱。

21. 觉知的源头就隐藏在童年时期的经历当中，通过将其清楚无误地彻底解放出来，这些汇报便可以在一般意义上帮助社会中所涉及的人，特别是科研领域中的人，去改变他们的意识。

（出自《你不应该觉知》的后记）

详细说明 12 点

数年以来科学证实，童年创伤的毁灭性后果注定要反作用于社会当中。这样的认识不仅跟每个个体有关，而且必须——如果传播地够广的话——从根本上改变我们的社会。最主要的是改变暴力盲目扩大的状况。以下几点尝试对此进行更为详细的说明：

1. 每个孩子来到世界上都是为了成长、发展、生活、爱，为了得到保护去表达他们的需要和感觉。

2. 为了能发展自己，孩子需要获得成人的重视和保护。成人要严肃对待孩子，爱他们，真诚地帮助他们找到方向。

3. 如果孩子这些性命攸关的需求落空，如果孩子反而被利用来满足成人的需要，被打、被罚、被虐待、被操控、被忽视、被欺骗，而没有一个证人介入的话，孩子的自身完整性就会长久地受损。

4. 面对伤害正常的反应是愤怒和疼痛。但是在带来伤害的环境中，孩子的愤怒是不被允许的，孩子不能独自承受痛苦的经历，就必须压抑自己的感觉，隔离自己关于创伤的记忆，将加害者理想化。随后他就会忘记，在他的身上曾经发生过什么。

5. 就这样，愤怒、无助、绝望、思念、恐惧和疼痛这些情感脱离了它们原本的来源基础，在针对他人（犯罪、屠杀）或者自己（滥用毒品、酒精、卖淫、心理疾病、自杀）的毁灭性行动中表现出来。

6. 仇恨行为的受害者经常是自己的孩子，他们承担了替罪羊的功能，社会完全承认其受虐待的合理性，甚至安之以"教育"的名义，将施虐行为抬至很高的地位。悲剧的是，人们打自己的孩子是为了屏蔽他们自己的父母曾经对他们做过的事情。

7. 受虐待的孩子如果能不发展成为罪犯或者心理病人，需要在人生中至少碰到一个人，这个人清楚地知道，不是这个被打的无助的孩子疯狂了，而是他所处的环境。社会如果持有这样的认识便能帮助拯救一条生命，如果没有，便是在个人的毁灭道路上做了贡献。在这里，亲属、律师、法官、医生、护士都有很大的可能性去站在孩子的那边，相信他们。

8. 到目前为止，社会都是保护成人，责怪受害者的。他们这种盲目也有理论的支持。那些理论跟我们的祖祖父母的教育模式相吻合，他们认为孩子本质上受到狡猾的邪恶欲望的控制，孩子会编造充满谎言的故事，攻击无辜的父母或者对父母存有性欲。事实上，孩子倾向于为父母的残暴道歉，为他们所爱的父母承担罪责。

9. 直到几年前，新的心理治疗方法证明，童年创伤的经历虽然被隔离，但是依然保存在体内，在无意识的状态下对长大成人的孩子后来的生活施以影响。接下来对未出生的胎儿所做的电子测量发现了一个大多数成人至今没有意识到的事实，即孩子在一开始的时候就能感到和学习温柔以及残暴。

10. 借助这样的认识，只要童年创伤经历不再处于黑暗当中，便可以揭露每一种荒谬行为的内在隐藏逻辑。

11. 我们对于目前为止被广泛否认的童年暴行及其后果的敏锐感知，自然会使代代相传的暴力走向终结。

12. 在父母那里得到保护、尊重和真诚的人，其自身完整性在童年时期没有受损，他们在青少年时期以及以后，都会是聪明、敏锐、有同情心、有极高的感受力的人。他们热爱生活，感受不到去伤害、杀死别人或自己的需要。他们使用自己的力量，为的是保卫自己，而不是去攻击别人。他们只会去关注保护更弱小的人，其中也包括自己的孩子，因为这就是他们曾经接收到的，这样的认识（而不是残暴）在他们那里从一开始就被保存起来。他们不会理解为什么要在意识中先建立一个巨大的战争工业，才能在世界上觉得安全舒适。因为抵抗生命初期所受到的威胁不是他们无意识中的终身任务，所以在面对真正的威胁的时候，他们的处理方式更理智更有创意。

参考文献

Abraham, K. (1912): Ansätze zur psychoanalytischen Erforschung und Behandlung des manisch—depressiven Irreseins und verwandter Zustände. In: Abraham, K., Psychoanalytische Studien, Bd. 11, 146—162. Frankfurt (S. Fischer) 1971.

Chasseguet—Smirgel, J. (1973): L'Ideal du Moi (XXIIIe Congrès des Psychanalystes de Langues romanes), R. F. P., 5 juin 1973.

Eicke—Spengler, M. (1977): Zur Entwicklung der Theorie

der Depression. Psyche, 31, 1077—1125.

Fischer, R. (1976): Die psychoanalytische Theorie der Depression. Psyche, 30, 924—946.

Freud, S. (1914): Erinnern, Wiederholen und Durcharbeiten, Ges. Werke, Bd. x.

Freud, S. (1917): Trauer und Melancholie. G. W. Bd. x.

Ganz, H. (1966): Pestalozzi. Zürich (Origo).

Habermas, J. (1970): Der Universalitätsanspruch der Hermeneutik. In: Kultur und Kritik, Frankfurt/M. 1973 (Suhrkamp).

Hesse, H. (1970): Gesammelte Werke. Frankfurt/M. (Suhrkamp).

Hesse, H. (1966): Kindheit und Jugend vor Neunzehnhundert. Hermann Hesse in Briefen und Lebenszeugnissen 1877—1895. Frankfurt/M. (Suhrkamp).

Jacobson, E. (1971): Depression. Frankfurt/M. (Suhrkamp) 1977.

Joffe, W. und J. Sandler (1965a): Notes on Childhood Depression. Int. J. Psycho—Anal., 46, 88—96.

Joffe, W. und J. Sandler (1965b): Notes on Pain, Depression and Individuation. Psychoanal. Study Child, 20, 394—424.

Kernberg, O. F. (1970): Factors in the Psychoanalytic Treatment of Narcissistic Personalities. J. Amer. Psychoanal. Assn. 18, 51—85.

Khan, M. M. R. (1974): The Privacy of the Self. London (Hogarth Press).

Kohut, H. (1971): Narziβmus. Frankfurt (Suhrkamp) 1973.

Kohut, H. (1973): Überlegungen zum Narziβmus und zur narziβtischen Wut. Psyche, 27, 513—554.

Lavater — Sloman, M. (1977): Pestalozzi. Zürich und München (Artemis).

Mahler, M. (1969): Symbiose und Individuation. Stuttgart

(Klett) 1972.

Miller, A. (1971): Zur Behandlungstechnik bei sogenannten narzißtischen Neurosen. Psyche, 25, 641—668.

Müller—Braunschweig, H. (1974): Psychopathologie und Kreativität. Psyche, 28, 600—634.

Nagera, H. (1973): Vincent van Gogh, München (Reinhardt).

Robertson, J. (1975): Neue Beobachtungen zum Trennungsverhalten kleiner Kinder. Psyche, 29, 626—664.

Schafer, R. (1972): Die psychoanalytische Anschauung der Realität. Psyche, 26, 882—898 und 952—971.

Spitz, R. (1967): Vom Säugling zum Kleinkind. Stuttgart (Klett).

Stern, M. M. (1972): Trauma, Todesangst und Furcht vor dem Tod. Psyche, 26, 901—926.

Winnicott, D. W. (1956): Primary Maternal Preocupation. Collected Papers, New York, Basic Books, S. 300—305.

Winnicott, D. W. (1960): The Theory of the Parent Infant Relationship. Int. J. Psycho—Anal. 41, 585—595.

Winnicott, D. W. (1965): Reifungsprozesse und fördernde Umwelt. München(Kindler)1974.

Winnicott, D. W. (1969): Kind, Familie und Umwelt, München /Basel(Reinhardt).

Winnicott, D. W. (1971): Vom Spiel zur Kreativität. Stuttgart(Klett)1973.

Winnicott, D. W. (1973): Die therapeutische Arbeit mit Kindern. München(Kindler).

回声心理

《如何才能不焦虑》
一有风吹草动就不淡定的你

《如何才能没压力》
遇见内心平衡的自己

《你唯一的缺点就是太完美了》
过度追求完美是病，得治

《如何控制负面情绪》
风行美国的情绪自控课

《如何活出生命的意义》
信仰是一种本能吗

《如何才能不羞怯》
帮助羞怯的你改善人际关系

回声心理

《与真实的自己和解》
全然接纳和善待自己

《与原生家庭和解》
你们爱的是我装出来的样子

《与童年创伤和解》
创伤为何在生活中反复上演

《心的重建》
失去是重整命运的机会

《爱的重建》
我选择与生活和解

《守望灵魂》
宽恕自己爱自己

回声心理

《天生变态狂》
没有谁有理由放弃自己的人生

《疯狂成瘾者》
TED瘾君子的堕落与自救

《终身失忆人》
揭露神经外科学的黑暗历史

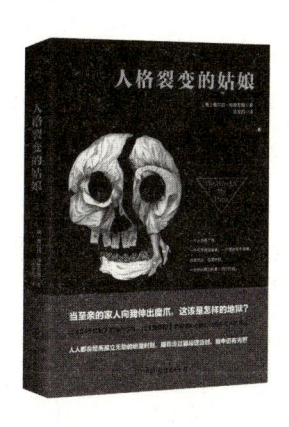

《人格裂变的姑娘》
愿你走过逆旅眼中仍有光芒

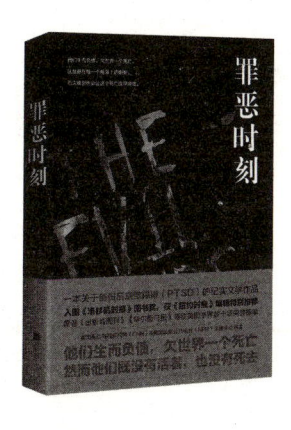

《罪恶时刻》
创伤过后魔鬼并未离开

《假如我是蝙蝠侠》
绝望恐惧时代的救赎之作

回声心理

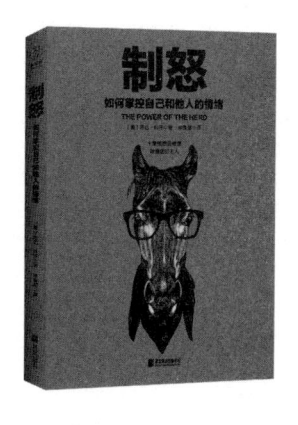

《制怒》
做情绪的主人

《胜出》
教你迅速脱颖而出

《共情力》
让你的灵魂熠熠发光

《社交尴尬症》
你为什么会尴尬症发作

《大五人格心理学》
比九型人格更好用

《在路上》
女权先锋的成长之路

回声心理

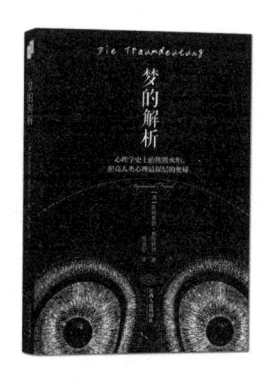

《梦的解析》
你人生的首部心理学经典

《荣格自传》
梦、记忆和思考

《自卑与超越》
超越自卑，找到生命的真正意义

《神秘的荣格》
了解荣格的心理学著作

《成为弗洛伊德》
精神分析学家是怎样练成的

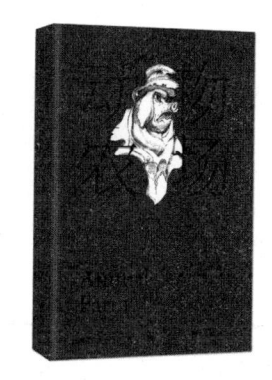

《动物农场》
多一份自由的保障